신문이 보이고 뉴스가 들리는 28

재미있는

곤충 이야기

신문이 보이고 뉴스가 들리는 ㉘
재미있는 **곤충 이야기**

개정판 1쇄 발행 | 2014년 3월 10일
개정판 6쇄 발행 | 2021년 2월 15일

지 은 이 | 김태우
그 린 이 | 박준우

펴 낸 곳 | (주)가나문화콘텐츠
펴 낸 이 | 김남전
편 집 장 | 유다형
편   집 | 이보라
외 주 편 집 | 현수랑
디 자 인 | 정란
외주 디자인 | 원상희
마 케 팅 | 정상원 한웅 정용민 김건우
관   리 | 임종열 김하은

출 판 등 록 | 2002년 2월 15일 제10-2308호
주   소 | 경기도 고양시 덕양구 호원길 3-2
전   화 | 02-717-5494(편집부) 02-332-7755(관리부)
팩   스 | 02-324-9944
홈 페 이 지 | www.ganapub.com
이 메 일 | ganapub@naver.com

ISBN 978-89-5736-653-0 (74490)

*책값은 뒤표지에 표시되어 있습니다.
*이 책의 내용을 재사용하려면 반드시 (주)가나문화콘텐츠의 동의를 얻어야 합니다.
*잘못된 책은 구입하신 서점에서 바꾸어 드립니다.

*'가나출판사'는 (주)가나문화콘텐츠의 출판 브랜드입니다.

이 도서의 국립중앙도서관 출판시도서목록(CIP)은 서지정보유통지원시스템 홈페이지(http://seoji.nl.go.kr)와
국가자료공동목록시스템(http://www.nl.go.kr/kolisnet)에서 이용하실 수 있습니다.(CIP제어번호: CIP2014000898)

• 제조자명 : (주)가나문화콘텐츠
• 주소 및 전화번호 : 경기도 고양시 덕양구 호원길 3-2 / 02-717-5494
• 인쇄일 : 2021년 2월 8일
• 제조국명 : 대한민국
• 사용연령 : 4세 이상 어린이 제품

신문이 보이고 뉴스가 들리는 ㉘
재미있는

곤충 이야기

글 김태우 | 그림 박준우
추천 박해철(국립농업과학원 연구사)

가나출판사

| 머 리 말 |

신기한 곤충 이야기를 들어 볼래요?

    해마다 여름이면 시끄러운 매미 소리나 농작물을 해치는 갈색여치 소식처럼 곤충에 대한 갖가지 뉴스가 들리곤 해요. 많은 사람들이 곤충을 징그러워하거나 무서워하지요. 그렇지만 곤충의 능력을 과학적으로 살펴보면 사람들보다 훨씬 뛰어난 재주가 많다는 것을 알 수 있어요. 한 마리의 곤충은 약하고 힘없어 보여도 어마어마한 수가 무리지어 생태계를 구성하고 있는 곤충들의 세상은 사람들이 생각하는 것보다 훨씬 거대하답니다. 그래서 지구를 '곤충의 행성'이라고 표현하기도 해요.

    곤충이 없는 세상은 어떨까요? 곤충을 싫어하는 사람들은 주변이 깨끗해져 좋다고 박수칠 수도 있겠죠. 하지만 곤충이 사라지면 곤충을 먹고 사는 개구리나 새처럼 작은 동물들이 하나둘 사라질 거예요. 그리고 곤충이 꽃가루받이를 해 주던 식물들도 열매를 맺지 못하고 죽어 버리겠지요. 결국 사람들이 먹는 많은 농작물도 결실을 맺지 못할 거예요.

    곤충 중에는 사람을 물거나 농작물을 먹어치워 해를 주는 해충도 있지만, 꿀벌처럼 먹을거리를 주고, 누에처럼 입을거리를 주는 익충도 있어요. 그런데 사람들은 이런 곤충의 고마움을 느끼지 못하고 곤충들이 사는 터전을 파괴하고 있지요. 자연환경이

파괴되자 옛날에는 쉽게 볼 수 있었던 크고 아름다운 곤충들이 사라져 버렸어요. 화려한 날개가 아름다운 붉은점모시나비와 늠름한 장수하늘소는 이제 우리나라에서는 거의 볼 수 없는 멸종 위기 곤충이 되었지요.

  왜 어떤 곤충은 사라지고, 또 어떤 곤충은 오히려 더 많아져 사람을 괴롭힐까요? 이제 이런 현상에 대해 그저 불평하기보다는 궁금증을 가지고 근본적인 원인을 찾아보기로 해요. 사람과 더불어 지구에 사는 소중한 생명체인 곤충에 대해 배우고, 관심을 가진다면 그들과 사이좋게 지내는 방법도 쉽게 찾을 수 있을 거예요.

이 책을 읽는 여러분이 곤충과 친구 되기를 바라며
김태우

| 추 천 의 글 |

호기심덩어리,
곤충에 대한 궁금증을 풀 수 있는 책

    어느 날 곤충과 대화할 수 있는 능력을 갖게 된다면 어떨까요? 우리는 그들에게 "넌, 왜 그렇게 몸이 작으니?"부터 시작해서 곤충의 생김새에 대해, 그들의 삶에 대해 많은 이야기를 묻고 싶어지겠죠. 곤충들도 자신이 쓸모없거나 나쁜 존재가 아니라 지구라는 땅에서 얼마나 중요한 역할을 하는 존재인지 자세히 이야기해 줄 거예요.

    하지만 아직까지 우리와 곤충이 직접 대화할 수 있는 방법은 찾지 못했어요. 대신 우리는 오랫동안 곤충을 관찰하고, 연구해 온 수많은 연구자들의 실험 결과와 그들이 남긴 책, 사진을 통해 새로운 지식을 얻고 곤충들과 대화할 수 있답니다.

    이 책에는 어릴 때부터 곤충에 푹 빠져 있었고, 어른이 되어서는 곤충과 함께 지내며 작은 동물들의 세계를 탐험하는 곤충학자의 애정이 듬뿍 담겨 있어요. 이 곤충학자는 누구보다 어린이 친구들의 마음을 잘 알고 있을 것입니다. 곤충의 신비로운 세계를 궁금해 하는 여러분과 같은 마음으로 어린 시절을 보냈으니까요.

    여러분의 눈높이에서 곤충을 바라보고, 전문적인 지식을 바탕으로 그에 대한 답을 흥미롭게 풀어낸 이 책은 아주 특별한 곤충 이야기입니다. 글이 어렵다고 느끼는 친

구들은 재미있는 만화와 사진을 통해 곤충의 생활을 엿볼 수 있지요.

　곤충에 대한 궁금증을 견디지 못해 밤늦도록 인터넷을 탐험하고, 학교 선생님께 물어도 시원한 답을 찾지 못한 친구들이 있다면 이 책을 추천하고 싶습니다. 곤충의 더듬이만 보아도 징그럽다고 도망치는 친구들에게도 이 책을 권하고 싶군요. 분명 우리 곁에 함께 살지만 낯선 존재처럼 느껴온 곤충들을 새롭게 바라볼 수 있는 기회가 될 테니까요.

국립농업과학원 연구원
박해철

| 차 례 |

머리말 · 4
추천의 글 · 6

1장

바글바글, 곤충을 만나다 · 12

1. 곤충? 벌레? 곤충이 대체 뭘까요? · 14
2. 4억 년 전에 나타난 곤충 · 18
곤충 기네스 | 가장 큰 곤충 vs 가장 작은 곤충 · 20
3. 지구의 주인은 곤충이라고요? · 22
4. 좋은 곤충, 나쁜 곤충 · 26
곤충 기네스 | 달라붙기의 달인을 찾아라! · 30
5. 곤충이 미래의 식량이라고요? · 32
6. 사이보그 곤충의 등장! · 34

2장

천차만별, 곤충 들여다보기 · 36

1. 곤충의 몸이 궁금한가요? · 38
2. **곤충의 눈 ①** 눈이 28,000개나 된다고요? · 40
3. **곤충의 눈 ②** 꿀벌이 보는 세상 · 42
4. **곤충의 더듬이 ①** 더듬이가 없으면 어떻게 될까요? · 44

5. 곤충의 더듬이 ② 누구 더듬이일까요? · 46
6. 곤충의 입 ① 빨고 핥고 씹고 맛보기 · 48
7. 곤충의 입 ② 누구의 입일까요? · 50
8. 곤충의 날개 ① 훨훨, 날개를 펼쳐요! · 52
9. 곤충의 날개 ② 날개 자랑 대회 · 54

곤충 기네스 | 누구 날개가 가장 클까? · 56

10. 곤충의 다리 ① 다리가 왜 6개나 될까요? · 58
11. 곤충의 다리 ② 곤충의 다리가 하는 일은 뭘까요? · 60

곤충 기네스 | 점프 왕은 누구일까요? · 62

12. 곤충의 몸 ① 배로 숨을 쉰다고요? · 64
13. 곤충의 몸 ② 작은 몸속엔 뭐가 들어 있을까요? · 66
14. 곤충의 몸 ③ 곤충의 피는 무슨 색일까요? · 68

3장 구석구석, 곤충 찾기 · 70

1. 발밑을 조심해요! 땅에 사는 곤충 · 72
2. 첨벙첨벙 물놀이할까요? 물에 사는 곤충 · 76

3. 물 위를 사뿐사뿐, 물 위에 사는 곤충 · 80
4. 남극에도 곤충이 있다고요? · 84
5. 꼽등이와 동굴 속으로! · 86
6. 우리 집에 곤충이 바글바글? · 88

돌고 도는, 곤충의 한살이 · 90

1. 곤충은 어떻게 사랑고백을 할까요? · 94
2. 곤충의 짝짓기 · 98
3. 소중한 알을 보호하는 비법 · 100

곤충기네스 | 자식 사랑 일등, 물자라 · 104

4. **곤충의 탈바꿈 ①** 자라서 무엇이 될까요? · 106
5. **곤충의 탈바꿈 ②** 모두모두 자란다, 시시때때 자란다 · 108
6. **곤충의 탈바꿈 ③** 조용한 번데기 속에서 · 110
7. 곤충은 왜 죽을까요? · 112

곤충기네스 | 오래 사는 곤충 vs 짧게 사는 곤충 · 114

별별, 곤충의 생활 · 116

1. 곤충은 무엇을 먹고살까요? · 118

곤충 기네스 | 쓱싹쓱싹, 청소 챔피언을 찾아라! · 122

2. 곤충의 집으로 초대합니다! · 124

3. 곤충의 사회생활 ① 꿀벌 나라 · 126

4. 곤충의 사회생활 ② 개미 나라 · 128

5. 곤충의 사회생활 ③ 곤충도 대화한다고요? · 130

6. 곤충의 반사 행동 · 132

7. 추운 겨울, 곤충들은 어디로 숨었을까요? · 134

8. 곤충은 매일매일 체온이 달라요 · 138

9. 진딧물과 개미, 도우며 살아요 · 140

10. 이용만해서 미안! 기생곤충 · 142

곤충 기네스 | 가장 빠른 곤충은 뭘까요? · 144

11. 우린 영원히 친해질 수 없어요! · 146

12. 보호색으로 꼭꼭 숨어라! · 148

13. 짠! 무섭지? 곤충의 경계색 · 152

14. 겨울에도 모기가 살아 있다고요? · 154

15. 곤충이 사라진 세상 · 156

이 책에 나오는 곤충들 · 158

사진 출처 · 160

찾아보기 · 161

'곤충'하면 무엇이 생각나나요? 징그러운 괴물? 아니면 흥미진진한 작은 친구? 우리가 어떻게 생각하든 지구에는 수많은 곤충이 바글바글 살고 있어요. 지구에 살고 있는 사람의 수는 약 70억 명이에요. 하지만 지구에 살고 있는 곤충의 수는 1에 0을 19개나 붙여야 하는 1000경 마리로 생각되고 있지요. 어떻게 이렇게 많은 곤충들이 지구에 살 수 있는 것일까요? 곤충들이 어떤 비밀을 가지고 있는 건 아닐까요? 우리와 함께 살아가는 곤충, 그 신비한 세계를 함께 탐험해 봐요. 잠깐! 그전에 곤충이 무엇인지에 대해 먼저 알아볼까요?

곤충? 벌레? 곤충이 대체 뭘까요?

줄을 지어 기어가는 개미, 갑자기 뛰어오른 메뚜기, 거미줄을 타고 쭉 내려온 거미, 샤샤샥 빠르게 지나가는 지네…. 이렇게 작고 꼬물거리는 생물을 보고 "으악! 벌레다!"라고 소리친 적이 있죠? 그런데 '벌레=곤충'이라고 생각하고 있지는 않나요? 우리는 곤충을 흔히 '벌레'라고 불러요. 하지만 곤충과 벌레는 다른 말이랍니다. 개미와 거미로 쉽게 알아볼까요? 개미는 곤충이지만 거미는 곤충이 아니에요. 하지만 개미와 거미는 벌레랍니다.

그렇다면 곤충이 무엇인지부터 알아볼까요? 곤충은 우리 주변에서 흔히 볼 수 있는 작은 동물 가운데 몸이 머리, 가슴, 배로 나뉘고 다리가 6개 있는 동물을 말해요. 그리고 곤충은 대부분 날개가 4장, 더듬이가 2개 있어요. 또, 몸이 딱딱한 껍데기로 싸여 있답니다. 개미처럼 말이죠.

벌레는 뭘까요? 벌레는 개미는 물론 거미, 지네, 거머리 등 작은 동물을 모두 이르는 말이에요. 다시 말해 벌레는 곤충보다 훨씬 넓은 뜻으로 쓰여요. 그러니까 몸이 머리가슴과 배의 두 부분으로 나뉘고 다리가 8개인 거미는 벌레이지만 곤충은 아니랍니다.

쥐며느리의 편지, 난 곤충이 아니야!

쥐며느리

공벌레

안녕? 난 쥐며느리야.

나를 곤충이라고 생각하는 친구들이 아주 많더라. 나를 공벌레나 노래기, 지네랑도 헷갈려 한다며? 심지어 거미를 곤충으로 아는 친구들도 있다고 들었어. 그래서 내가 왜 곤충이 아닌지, 또 곤충과 쉽게 구별하는 방법은 무엇인지 알려 주려고 이렇게 편지를 쓰게 됐단다.

곤충과 우리를 구별하려면 먼저 절지동물에 대해 알아야 해. 왜냐하면 곤충은 절지동물을 이루는 한 무리이고, 곤충이라고 잘못 알고 있는 대부분의 동물들이 절지동물이기 때문이지. 절지동물은 몸과 다리가 여러 개의 마디로 이루어진 동물이야. 절지동물에는 곤충류, 거미류, 갑각류, 다지류(다리가 많은 종류)가 있어. 거미류에는 전갈, 거미, 진드기 등 8개의 다리를 가지고 있는 동물이 있지. 갑각류는 10개의 다리를 가지고 있으며 껍데기가 매우 딱딱하고 아가미로 숨을 쉬는 게, 가재, 새우 같

지네

은 동물이 있어. 마지막으로 다지류에는 지네, 노래기 등이 있는데, 다리가 수십~수백 개로 매우 많은 것이 특징이야.

곤충은 몸이 '머리, 가슴, 배'로 나뉘고, 다리가 6개이며, 대부분 날개가 4장이 있다는 건 이미 다 알고 있을 거야. 어때? 좀 눈치챘니? 곤충과 다른 절지동물을 구분하는 가장 쉬운 방법! 바로 다리 개수를 세어 보는 거란다. 나, 쥐며느리의 다리를 자세히 보렴. 지네나 노래기에 비하면 얼마 되지 않지만 다리가 6개인 곤충보다는 훨씬 더 많은 14개란다.

노래기

거미

4억 년 전에 나타난 곤충

곤충은 언제 처음 나타났을까요? 지구상에 곤충이 처음 나타난 것은 지금으로부터 약 4억 년 전인 고생대 무렵이에요. 최초의 곤충은 작고 날개가 없는 좀 같은 곤충일 거라고 해요.

이후 진화를 거쳐 중생대에 이르러서는 처음으로 날개가 달린 곤충이 나타났어요. 중생대에는 아주 거대한 원시 잠자리 '메가네우라'가 살았는데, 날개를 편 길이가 75cm나 되었답니다.

옛날에는 곤충이 왜 이렇게 컸을까요? 그 이유는 바로 산소예요. 당시에는 식물이 왕성하게 자라서 지구에 산소가 풍부했기 때문에 곤충의 몸이 클 수 있었어요. 하지만 곤충은 오랜 세월 동안 적으로부터 몸을 지키기 위해 점점 작아져 지금은 크기가 1cm 미만인 것이 90% 이상이지요.

아주 오래전의 모습 그대로 지금까지 살고 있는 곤충도 있어요. 바로 바퀴예요. 바퀴는 현재 지구에 사는 곤충 가운데 가장 원시적인 곤충으로 알려져 있답니다. 약 3억 2000만 년 동안 거의 변하지 않은 모습으로 지금까지 살아 있기 때문이지요. 그래서 바퀴를 가장 오래된 화석 곤충이라고 해요.

세상에서 가장 거대했던 곤충, 메가네우라 화석

난 너무 작아서 맨눈으로는 볼 수 없을 정도야!

총채벌

내가 가장 작은 곤충

세상에서 가장 작은 곤충은 총채벌의 수컷이에요. 작으니까 아주 귀여울 것 같다고요? 아쉽게도 너무 작아 눈에 잘 보이지도 않아요. 총채벌은 다른 곤충의 알에 기생하여 살아가는 기생벌의 일종으로, 움직이지 않으면 먼지와 구별이 되지 않을 정도로 작답니다.

총채벌은 너무 작아 바늘귀(바늘의 구멍) 정도는 눈 감고도 통과할 수 있을 정도예요. 총채벌의 이름이 총채인 까닭은 무엇일까요? 많은 어린이들이 총채(먼지떨이)와 관련 있지 않을까 하고 생각할 거예요. 맞아요. 총채벌은 날개의 가장자리가 총채처럼 생겼답니다.

지구의 주인은 곤충이라고요?

지구의 주인은 누구일까요? 우리 인간이라고 생각하나요? 어떤 사람들은 지구를 '곤충의 행성'이라고도 해요. 그 이유는 지구에 사는 곤충의 종류가 어마어마하고, 그 수도 셀 수 없을 만큼 많기 때문이에요.

지구가 곤충의 행성이라고 불릴만큼 곤충이 지구에서 크게 번성할 수 있었던 이유는 무엇일까요?

작은 게 좋아

가장 큰 이유는 몸집이 작기 때문이에요. 작은 게 어떤 면에서 좋을까요? 몸집이 큰 동물들은 살아가기 위해 많은 양의 먹이를 먹어야 해요. 하지만 몸집이 작으면 조금만 먹어도 살 수 있고, 좁은 공간에서도 얼마든지 살 수가 있지요.

엄마가 밥을 지으시다가 "아이고, 쌀에 벌레가 생겼네."라고 말씀하시는 걸 들은 적이 있나요? 쌀에 생기는 벌레는 바로 쌀바구미인데, 쌀바구미는 쌀 한 톨만 먹어도 평생 살 수가 있답니다.

나는 쌀 한 톨만 먹어도 살 수 있어. 그게 바로 내가 살아남은 비결이지!

쌀바구미

푸득푸득, 자유롭게 날 수 있는 날개

곤충이 번성할 수 있었던 또 한 가지 이유는 바로 날개예요. 날개가 있어서 좋은 점은 무엇일까요? 날개가 있으면 가고 싶은 곳에 얼마든지 갈 수 있어요. 소금쟁이는 물 위에 떠서 사는데, 연못 물이 마르거나 환경이 나빠지면 살기 좋은 다른 곳을 찾아 푸드득 날아간답니다.

바글바글 수없이 많은 알

곤충이 수많은 알을 낳는 것도 지구에서 번성할 수 있는 이유예요. 알을 많이 낳으면 알을 적게 낳는 것보다 살아남아 어른벌레가 될 확률이 더 높아요. 결국 대를 이어 가는 데 유리하지요.

오스트레일리아에서 볼 수 있는 박쥐나방은 암컷 한 마리가 무려 2만 9100개의 알을 낳고도 배 속에 1만 5000개의 알이 더 있었다고 해요.

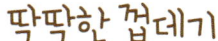
사슴벌레

딱딱한 껍데기

마지막으로 곤충이 번성한 이유는 곤충의 몸이 딱딱하기 때문이에요. 장수풍뎅이나 사슴벌레와 같은 곤충을 보면 딱딱한 껍데기가 몸을 감싸고 있는 것을 볼 수 있어요. 이렇게 곤충의 몸을 감싸고 있는 껍데기를 '외골격'이라고 해요. 외골격은 외부의 충격으로부터 내부 기관을 보호해 줄 뿐만 아니라, 몸에서 물기가 빠져 나가는 것을 막아 준답니다.

이제 곤충이 번성한 이유를 잘 알았지요? 작은 고추가 맵다고 하듯 비록 몸집이 작은 곤충이라도 그들만의 뛰어난 생존 능력이 있답니다. 앞으로 곤충을 만날 때마다 그들만의 남다른 생존 비결을 찾아보는 건 어떨까요?

갑옷 같은 **딱딱한 껍데기**가 나를 **안전**하게 **보호**해 줘.

4 좋은 곤충, 나쁜 곤충

곤충은 인간에게 유익한지 해로운지에 따라 익충과 해충으로 나누기도 해요. 익충은 인간에게 이로운 곤충, 해충은 인간에게 해로운 곤충이랍니다.

인간에게 이로운 곤충에는 무엇이 있을까요? 우리 주위에서 흔히 볼 수 있는 익충으로는 벌과 나비가 있어요. 벌과 나비 같은 곤충은 꽃의 꽃가루받이를 도와줘요. 만약 벌이나 나비 같은 곤충이 없으면 식물이 씨를 만들지 못하고 생태계가 파괴되어 결국 우리 인간도 살 수가 없을 거예요. 꿀벌은 달콤한 꿀을 만들어 주기도 한답니다.

꿀벌

무당벌레와 누에, 쇠똥구리의 선물

무당벌레도 대표적인 익충이에요. 무당벌레는 농작물에 해를 끼치는 진딧물을 잡아먹지요. 한 마리가 하루에 잡아먹는 진딧물이 수십여 마리나 돼서 농부들은 무당벌레를 '살아 있는 농약'이라고 불러요.

누에는 비단을 짜는 재료인 명주실을 만들어요. 이 조그만 애벌레 때문에 생겨난 유명한 길이 있는데, 실크 로드(비단길)가 바로 그것이랍니다. 실크 로드는 동양에서 만들어진 고급 옷감인 비단을 서양으로 수출하던 상인들의 길이었지요.

축산업을 많이 하는 오스트레일리아에서는 쇠똥구리로 동물의 배설물을 없애고 주위 환경을 깨끗하게 했대요.

어때요? 작은 곤충들이 인간에게 정말 많은 도움을 주지요?

해충 대표, 파리와 모기 그리고 바퀴

주변에서 쉽게 볼 수 있는 해충에는 무엇이 있을까요? 파리나 모기, 바퀴를 떠올리는 친구들이 많을 거예요. 파리는 이곳저곳을 왱왱 날아다니며 병균을 옮겨요. 모기는 사람과 동물의 피를 빨아 먹을 뿐 아니라 말라리아, 사상충 같은 무서운 질병을 옮기기도 하지요. 바퀴 역시 지저분한 곳을 돌아다니며 병균을 옮겨요.

우리도 해충이야!

이외에도 벼멸구, 벼물바구미 등의 곤충은 벼의 잎을 갉아 먹거나 즙을 빨아 먹어서 벼가 잘 자라지 못하게 해요. 솔잎혹파리라는 해충은 소나무를 말라 죽게 하지요. 썩은 나무 속을 파먹고 자라는 흰개미는 나무로 만든 건물이나 오래된 문화재를 갉아 먹기도 해요.

벼멸구

파리도 좋은 곤충?

하지만 해충이라고 해서 살충제를 뿌려 모두 없애야 하는 것은 아니에요. 살충제를 쓰면 우리에게 이로운 익충들까지 모두 죽을 수도 있어요. 게다가 더러운 것을 먹어 없애는 파리가 없다면 어떻게 될까요? 모기나 바퀴는 꽃가루받이를 도와주기도 해요. 다른 쪽으로 보면 파리는 물론 모기나 바퀴 등 해충이 익충이 될 수도 있지요. 결국 사람의 입장에서는 해충이지만 곤충의 입장에서는 이 모든 것이 그저 먹고살기 위한 행동일 뿐이에요. 파리나, 모기, 바퀴와 같은 해충을 모두 죽여 버린다면 생태계가 무너지고 인간도 더 이상 살 수 없게 된답니다.

곤충 기네스
달라붙기의 달인을 찾아라!

달라붙기는 내가 최고!

달라붙기의 달인은 바로 파리예요. 파리는 미끌미끌한 유리창에도 잘 붙어 있고, 어디든 사뿐사뿐 기어 다니지요. 파리가 이렇게 잘 달라붙을 수 있는 비결은 바로 발바닥! 파리 발바닥에는 접착성 물질이 나오는 '욕반'이라는 기관이 한 쌍 있어 어디든 찰싹 달라붙을 수 있어요.

난 어디든 달라붙을 수 있어!

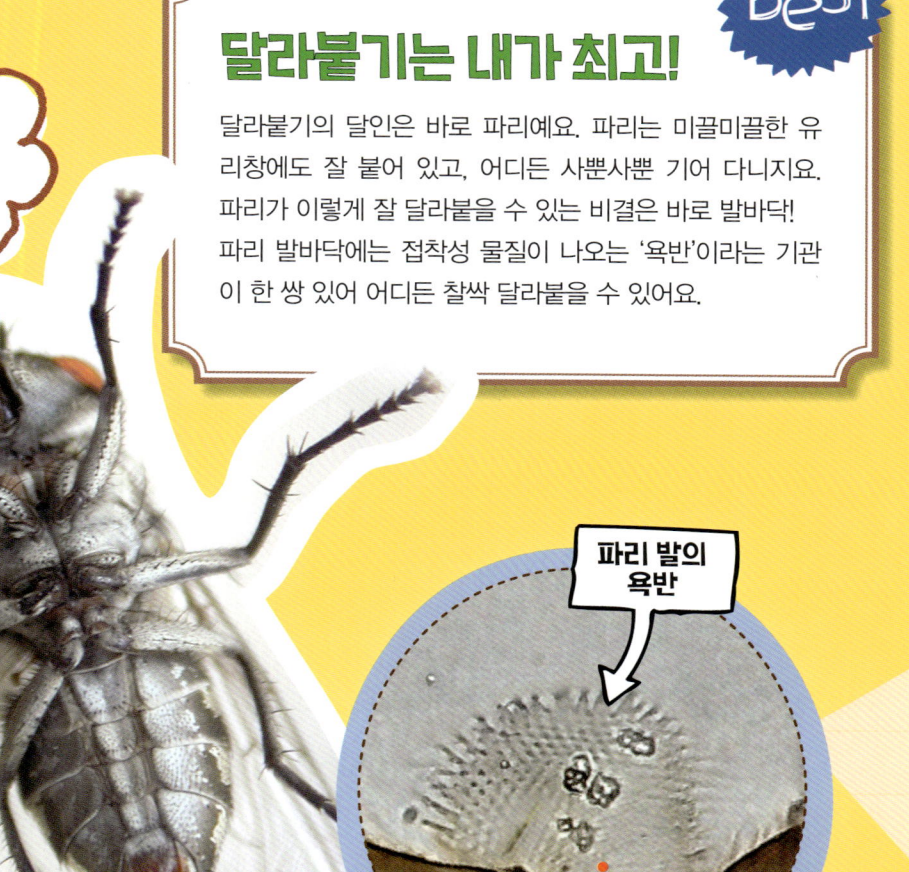

파리

파리 발의 욕반

미끌미끌 유리는 무서워!

곤충을 유리병에 넣고 키워 보면 귀뚜라미나 먼지벌레 같은 곤충은 절대 유리병을 기어오르지 못해요. 그렇지만 개미나 여치 같은 곤충들은 유리병도 쉽게 기어올라요. 풀이나 나무를 잘 기어오르는 곤충들은 발바닥에 파리와 같은 욕반이 있어요. 하지만 땅바닥에서 주로 생활하는 곤충의 발바닥에는 욕반이 없답니다. 그래서 땅바닥에 곤충이 좋아하는 설탕물을 넣은 유리병을 묻어 두면 발에 욕반이 없는 곤충을 잡을 수 있답니다.

곤충이 미래의 식량이라고요?

　미래에는 고기 대신 곤충을 먹게 될지도 몰라요. 곤충은 고기만큼 영양소가 많고 고기보다 친환경적인 음식이기 때문이랍니다.

　곤충을 먹는다는 것이 무척 낯설게 느껴지겠지만 곤충을 먹는 나라는 예상외로 아주 많아요. 지금도 아프리카와 남미, 아시아 등 90여 개 나라에서 1400여 종의 곤충을 먹고 있지요. 메뚜기와 귀뚜라미는 물론 나비나 나방의 유충, 딱정벌레의 애벌레, 흰개미와 말벌, 개미의 애벌레와 어른벌레를 주로 먹는다고 해요. 실제로 우리나라에도 번데기를 끓이거나 메뚜기를 볶은 요리가 있답니다.

　곤충은 영양소가 무척 풍부해요. 유엔 세계식량농업기구의 조사에 따르면 딱정벌레, 개미, 벌, 귀뚜라미에는 우리에게 꼭 필요한 단백질과 필수 아미노산은 물론 비타민과 탄수화물, 불포화 지방산이 들어 있다고 해요. 곤충이 가축보다 친환경적인 식량이라는 연구도 있어요. 네덜란드 와게닝겐대학교 연구팀의 연구 결과, 곤충으로 단백질 1kg을 생산할 때는 소고기와 돼지고기로 단백질 1kg을 생산할 때보다 훨씬 적은 양의 온실가스가 나온다는 것이 밝혀졌답니다. 돼지를 키울 때는 곤충보다 10~100배 많은 온실가스가 나왔어요. 게다가 강물을 오염시키는 암모니아도 훨씬 더 많이 만들어졌지요.

　가까운 미래에는 메뚜기 햄버거를 먹게 될지도 모르겠네요.

6 사이보그 곤충의 등장!

부우우웅~! 공중에 떠 있다가 재빠르게 방향을 바꾸는 파리. 하지만 자세히 보세요. 파리가 아니라 로봇일지도 모른답니다.

과학자들이 곤충을 닮은 로봇을 만들고 있거든요. 미국 하버드대학교 전기공학과 로버트 우드 교수팀은 무게 0.08g, 날개 길이 3cm 남짓한 초소형 '파리 로봇'을 개발했어요. 우리나라에서는 건국대학교 신기술융합학과 박훈철 교수팀이 무게 6g, 날개 길이 6cm인 장수풍뎅이 로봇을 연구하고 있답니다.

신기하게도 로봇이 아니라 곤충 자체를 조종하는 기술도 개발되고 있어요. 지난 2006년 미국 국방과학연구소는 곤충에 전자 칩을 이식해 살아 있는 곤충의 날아가는 방향을 조종하는 기술을 개발했지요. 최근에는 미국 노스캐롤라이나 주립대학교에서 바퀴벌레의 촉각에 전기 자극을 줘서 벽에 부딪혔다는 착각을 일으키게 만드는 원리로 바퀴벌레를 조종하는 기술을 개발하기도 했어요. 이렇게 곤충을 닮은 작은 곤충 로봇들은 무너진 건물에서 생존자를 찾거나 지도를 만드는 등 다양한 일에 도움을 주게 될 거예요.

날 자세히 봐! 로봇일지도 모른다고!

꽃을 찾아 훨훨 날아다니는 나비, 먹이를 열심히 나르는 개미, 사람이나 동물의 피를 빨아 먹는 모기……. 곤충은 천차만별 행동도 생김새도 모두 달라요. 하지만 곤충은 몸이 머리, 가슴, 배로 나뉜다는 공통점이 있어요. 또 곤충은 다리가 6개, 더듬이가 2개 있지요. 그렇다면 곤충의 더듬이는 어떤 일을 할까요? 또, 눈과 입은 어떤 일을 할까요? 날개와 다리는 어떤 일을 할까요? 그리고 숨은 어떻게 쉴까요? 곤충에 대해 궁금한 것이 정말 많죠? 지금부터 곤충의 겉모습부터 몸속까지 샅샅이 들여다볼까요?

곤충의 몸이 궁금한가요?

곤충에 대해 배울 때 시험에 자주 나오는 문제를 살짝 알려줄게요. 바로 '곤충의 몸을 어떻게 세 부분으로 나눌까요?'라는 문제랍니다.

곤충의 몸을 '머리, 가슴, 배'로 나눌 수 있다는 건 곤충의 큰 특징이거든요. 곤충의 머리에는 더듬이와 눈, 입 등이 있고, 가슴에는 6개의 다리와 날개, 배에는 소화 기관, 호흡 기관, 생식 기관 등이 있답니다. 그렇다면 곤충은 왜 머리, 가슴, 배로 나뉘고 다리가 6개일까요?

곤충의 조상은 다리가 많은 노래기와 같은 벌레였다고 해요. 노래기의 몸을 자세히 살펴보면, 작은 머리가 가장 앞에 있고 그 뒤로 똑같이 생긴 마디가 계속 기차처럼 이어져 있어 가슴과 배가 잘 구별되지 않지요. 그리고 몸의 마디마다 모두 다리가 한 쌍씩 붙어 있어요. 이런 모습을 한 곤충의 조상은 다리가 너무 많아서 움직이기 힘들고 재빨리 달아날 수 없었어요. 결국 곤충은 살아남기 위해서 몸의 마디와 다리 수가 계속 줄어 오늘날과 같은 '머리, 가슴, 배'로 된 세 부분의 몸과 6개의 다리만 남게 된 것이랍니다.

곤충의 몸은 갑옷과 같은 딱딱하고 단단한 외골격으로 덮여 있어요. 외골격은 키틴질로 되어 있는데, 뼈보다 가볍고 강해서 몸속의 기관을 보호해 준답니다.

곤충의 눈 ①
눈이 28,000개나 된다고요?

잠자리의 눈이 28,000개나 된다는 사실, 알고 있나요? 잠자리의 얼굴을 크게 확대해서 볼까요? 어때요? 머리 양옆의 커다란 눈 두 개를 자세히 보면 육각형 모양의 수많은 눈이 모여 있다는 걸 알 수 있을 거예요. 이런 작은 눈 하나하나를 '낱눈'이라고 하는데, 이런 낱눈이 모여서 두 개의 큰 '겹눈'을 이루는 거예요.

곤충마다 낱눈의 수가 다른데, 잠자리는 낱눈이 28,000개나 된답니다. 게다가 낱눈은 각각 다른 방향을 향하고 있기 때문에 미세하게 움직이는 물체도 잘 볼 수 있지요. 겹눈으로는 색깔을 구별할 수 있고, 사람의 눈에는 보이지 않는 자외선도 볼 수 있답니다.

곤충에게는 눈이 또 있어요. 바로 홑눈이지요. 곤충의 머리 가운데 부분에는 보통 3개의 홑눈이 있어요. 홑눈은 물체를 보는데 쓰이지 않고 주변의 밝고 어두운 정도를 느낄 뿐이에요. 어두운 곳에서 활동하는 바퀴나 땅속에서 사는 땅강아지처럼 빛을 피하는 곤충들은 홑눈이 퇴화해서 수가 적거나 아예 없는 경우도 있답니다.

 곤충 상식

잠자리 최면 걸기

잠자리의 눈앞에서 손가락을 빙글빙글 돌리면 최면을 걸어 쉽게 잠자리를 잡을 수 있어요. 손가락의 움직임에 따라 수많은 낱눈이 돌아가면서 순간 어지러워 정신을 잃는 것이랍니다. 눈이 많은 것이 좋은 일만은 아닌 것 같아요.

곤충의 눈 ②
꿀벌이 보는 세상

종류에 따라 다르지만 많은 곤충들이 색깔을 구별할 수 있어요. 곤충이 어떻게 색깔을 구별하는지 알아보기 위해 꿀벌을 이용해서 실험을 해 보았다고 해요. 서로 다른 색깔의 색종이를 바닥에 깔고 그 위에 빈 접시를 올려놓은 다음, 한 접시에만 꿀을 넣어 두었어요. 꿀벌이 꿀을 먹은 후에는 모두 빈 접시로 바꿔 두었지요. 그랬더니 꿀을 먹고 돌아갔던 꿀벌은 꿀이 있던 색의 색종이 위로 다시 모여들었답니다. 이것은 바로 꿀벌이 색깔을 구별할 수 있다는 것을 증명하는 거예요.

꿀벌 눈

내 눈에는 꿀이 있는 꽃의 중심 부분이 선명하게 보여!

꿀벌은 사람이 볼 수 없는 것도 볼 수 있어요. 사람은 가시광선만 볼 수 있지만 꿀벌은 자외선도 볼 수 있답니다. 그래서 꿀벌이 보는 세상은 우리가 보는 세상과는 조금 달라요. 아래 사진을 보세요. 꿀벌의 눈에는 꽃가루받이를 해 주고 받아야 하는 중심 부분이 눈에 더 잘 보인답니다. 꿀벌뿐만 아니라 나비처럼 꽃의 꿀을 먹는 곤충들은 자외선을 볼 수 있다고 해요. 사람과는 다른 눈을 가진 꿀벌이 보는 세상, 정말 신기하죠?

2장 천차만별, 곤충 들여다보기

곤충의 더듬이 ①
더듬이가 없으면 어떻게 될까요?

만약 개미에게 더듬이가 없다면 어떤 일이 생길까요? 개미는 어디로 가야할지 모르고 그 자리에서 계속 맴돌 거예요. 이처럼 더듬이는 곤충에게 매우 중요한 감각기관이랍니다.

곤충의 머리를 잘 살펴보면 머리 꼭대기에 한 쌍의 더듬이가 있어요. 더듬이를 현미경으로 크게 확대해서 보면 털과 구멍이 많이 나 있는데, 여기로 냄새를 맡을 수 있어요. 산누에나방 수컷의 깃털 모양 더듬이는 아주 작은 냄새도 놓치지 않아요. 그래서 아주 멀리 떨어져 있는 암컷 나방의 냄새를 맡고서 암컷이 있는 곳으로 날아가 짝짓기를 할 수 있지요. 모기의 더듬이는 빗살 모양으로 생겼는데, 잠자는 사람의 숨에 섞여 있는 이산화탄소나 몸에서 나는 땀 냄새를 맡아 깜깜한 밤중에도 귀신같이 사람이 있는 곳을 정확하게 알아낸답니다.

곤충들은 더듬이로 인사도 해요. 같은 종류의 곤충끼리 만나면 더듬이를 서로 살짝살짝 부딪치는데, 이것은 서로를 냄새로 또는 촉감으로 확인하는 과정이에요. 개미들은 더듬이로 냄새를 확인하여 자기 식구면 친하게 지내지만, 다른 식구라는 것을 알면 서로 싸워요. 또, 바퀴는 짝짓기를 하기 전에 더듬이로 서로의 생각을 알리기도 하지요. 더듬이로 맛을 구별해서 먹이인지 아닌지 확인하거나 소리를 느끼는 곤충도 있답니다.

곤충의 더듬이 ②
누구 더듬이일까요?

자, 오른쪽 페이지를 가리고 문제를 맞춰보세요. 누구의 더듬이일까요? 힌트를 줄게요. 더듬이는 보통 밤에 활동해서 냄새와 촉감이 중요한 곤충들에게는 잘 발달하고, 반대로 낮에 활동해서 시각이 중요한 곤충들에게는 별로 발달하지 않는 답니다.

• 정답 :

• 정답 :

• 정답 :

• 정답 :

• 정답 :

곤충 상식

메뚜기 귀는 어디 있을까요?

사람은 머리 양쪽에 귀가 있지만, 메뚜기의 귀는 배에 있어요. 메뚜기의 배 첫 번째 마디 양 옆구리에는 작은 구멍이 뚫려 있고 투명한 막으로 덮여 있는데, 이 막이 귓속의 고막 같은 역할을 하지요. 재미있게도 귀뚜라미와 여치의 귀는 앞다리에 있답니다.

호랑나비

나방과 나비는 헷갈리기 쉽지만 더듬이 모양을 보면 쉽게 알 수 있어요.

누에나방

밤에 주로 활동하는 나방은 큰 깃털 같은 더듬이를 가졌어요.

파리

파리는 아주 작은 더듬이를 가졌답니다.

개미

개미는 더듬이로 가족을 확인할 수 있어요.

풍뎅이

풍뎅이의 더듬이는 삼지창처럼 세 갈래로 끝이 갈라져 있어요.

6 곤충의 입 ①
빨고 핥고 씹고 맛보기

빠는 입

핥는 입

씹는 입

찌르고 빠는 입

곤충은 먹이의 종류에 따라 입의 모양이 다르게 생겼어요. 그래서 곤충의 입을 보면 무엇을 먹고 사는지 짐작할 수 있답니다.

곤충의 입은 크게 빠는 입과 핥는 입, 씹는 입, 찌르고 빠는 입으로 나눌 수 있어요. 빠는 입은 꽃이나 과일의 즙을 빨아 먹기 적당한 입이에요. 나비처럼 빠는 입을 가진 곤충은 씹지 못하기 때문에 고체로 된 먹이는 먹을 수 없고 항상 액체로 된 먹이만을 먹어요.

파리는 핥는 입을 가졌어요. 파리는 입에서 침을 뱉어서 먹이를 축축하게 적신 다음 핥아 먹어요. 핥는 입은 끝이 넓적하게 퍼져 있고 그 속은 솔처럼 되어 있어 먹이를 핥기에 아주 좋지요.

메뚜기나 풀무치, 사마귀는 씹는 입을 가졌어요. 씹는 입을 가진 곤충은 큰턱과 작은턱을 양옆으로 움직여서 먹이를 씹어 먹을 수 있어요. 씹는 입에는 큰턱과 작은턱이 있는데, 큰턱은 먹이를 자르거나 찢는 역할을 하고, 작은턱은 먹이를 잘게 부수는 것을 돕는 역할을 해요.

모기와 노린재, 매미는 찌르고 빠는 입을 가졌어요. 단단하고 뾰족한 입으로 나무 표면이나 동물의 피부를 찌른 다음, 수액이나 피를 빨아 먹을 수 있답니다.

곤충의 입 ②
누구의 입일까요?

이번에도 오른쪽 페이지를 가리고 문제를 맞춰 보세요. 누구의 입일까요? 입 모양을 보고 어떤 먹이를 먹는 곤충인지 추측해 보면 좀 더 쉽게 맞출 수 있겠죠?

빨대처럼 빨아먹을 수 있는 입

정답:

아작아작 씹는 입

정답:

솔처럼 핥는 입

정답:

콕 찌르고 빠는 입

정답:

매미

나무의 수액을 먹고 사는 매미는 찌르고 빠는 입을 가졌어요. 평소에는 긴 주둥이를 얼굴 밑 가슴 아래에 감추고 있는데, 먹이를 먹을 때에는 똑바로 세워서 꽂아 먹어요.

사슴벌레

사슴벌레는 솔처럼 생긴 작은턱으로 수액을 핥아 먹어요. 사슴벌레의 큰턱은 먹이를 먹는 것과는 아무 상관이 없고 자신의 몸을 지키거나 수컷들끼리 싸우기 위해서 뿔처럼 발달한 것이랍니다.

사마귀

다른 곤충을 잡아먹는 사마귀는 씹을 수 있는 튼튼한 입을 가지고 있어요.

나비

도르르 말려 있다가 쭉 펴져서 빨대처럼 빨아 먹을 수 있는 나비의 입은 대표적인 빠는 입이에요.

곤충 상식

파리 발은 맛있는 것만 좋아해요!

우리가 더럽다고 생각하는 파리도 나름대로 미식가예요. 파리는 발바닥에 나 있는 털로 음식의 맛을 아는데, 맛있는 음식을 찾을 때까지 이리저리 날아다닌답니다. 하지만 이 과정에서 병균을 옮길 수도 있어서 사람들이 싫어하지요.

곤충의 날개 ①

훨훨, 날개를 펼쳐요!

곤충은 대부분 날개가 있어 자유롭게 하늘을 날아다녀요. 곤충의 날개는 보통 두 쌍인데, 앞날개와 뒷날개가 있지요.

잠자리의 날개를 보면 얇은 막이 펼쳐진 사이사이로 나뭇잎에서 볼 수 있는 것과 같은 맥이 있어요. 이것을 날개맥(시맥)이라고 해요. 날개맥은 날개가 모양을 유지할 수 있게 하는 역할을 해요.

잠자리는 날아다닐 때 앞날개와 뒷날개를 모두 사용하지만 무당벌레나 딱정벌레, 메뚜기의 앞날개는 그저 배를 덮는 역할만 하고, 나는 것은 뒷날개가 담당한답니다. 날개가 한 쌍뿐인 곤충도 있어요. 바로 파리와 모기지요. 파리와 모기의 뒷날개는 퇴화(형태가 단순해지거나 크기가 작게 변화함)해서 작은 곤봉 모양의 '평균곤'이라는 것으로 바뀌었어요. 평균곤은 파리나 모기가 날 때 평형 감각을 잘 느끼도록 도와주지요.

꿀벌이나 나방, 매미, 노린재 같은 곤충은 날개가 두 쌍이지만 앞날개와 뒷날개를 겹쳐서 마치 한 장의 날개처럼 사용해요. 날개가 퇴화하거나 날개를 하나처럼 쓰는 이유는 날개 수가 많으면 날갯짓을 할 때 서로 부딪치기 때문에 오히려 좋지 않기 때문이랍니다.

곤충의 날개 ②
날개 자랑 대회

곤충들의 날개 자랑 대회가 열렸어요. 심사위원은 바로 여러분! 친구들은 어떤 곤충의 날개에 최고 점수를 주고 싶나요? 곤충들의 날개에 점수를 매겨 보세요.

> 나비 날개에는 비늘가루가 있어. 날개가 비에 젖지 않게 해 줄 뿐만 아니라, 독특한 냄새를 풍겨 같은 종류끼리 알아볼 수 있게 하는 역할을 한단다.

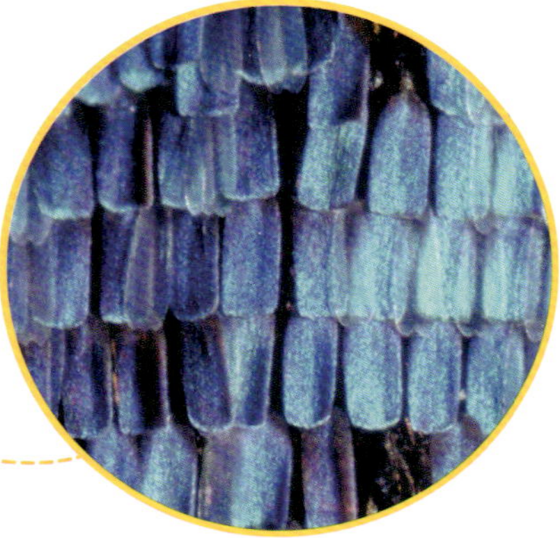

후보1 : **나비** _____ 점

> 초당 200회가 넘는 날갯짓에 수직 이착륙부터 정지 비행, 순간 회전까지! 한 쌍의 날개와 한 쌍의 평균곤으로 자유자재로 날 수 있어.

평균곤

후보2 : **파리** _____ 점

후보3 : 글래스윙버터플라이 _____ 점

우린 투명한 날개를 가지고 있어. 정말 예쁘지 않니?

후보4 : 나뭇잎 나비 _____ 점

우리 날개는 나뭇잎처럼 생겨서 잘 숨을 수 있어.

후보5 : 무당벌레 _____ 점

우리 앞날개는 딱딱해서 연약한 배를 보호해 줘. 색깔도 화려해서 얼마나 예쁜지 몰라!

후보6 : 물자라 _____ 점

후하후아, 우리는 물속에서 숨 쉴 공기를 날개와 배 사이의 공간에 저장해.

후보7 : 귀뚜라미 _____ 점

우린 날개가 악기야. 날개를 비벼 소리를 낸단다. 여치도 우리처럼 날개로 소리를 내.

곤충 기네스
누구 날개가 가장 클까?

best

내 날개가 가장 커, 알렉산드라비단제비나비

날개가 가장 큰 곤충은 나비와 나방이에요. 세상에서 가장 큰 나비인 알렉산드라비단제비나비는 날개를 펼쳤을 때 날개의 한 쪽 끝에서 다른 쪽 날개 끝까지의 길이(날개 편 길이)가 무려 28cm나 된답니다. 사람들은 처음에 이것이 새인 줄 알고 총을 쏘아 잡았다고도 하니 얼마나 큰지 알겠죠?

> 내 날개가 가장 커. 오죽하면 새로 착각하겠어?

너보다 내가 더 커 보인다고!

이야~, 둘 다 참새보다 크잖아!

best

면적은 내가 더 넓다고! 아틀라스산누에나방

날개의 면적까지 따졌을 때 가장 큰 나방은 동남아시아에 사는 아틀라스산누에나방이에요. 이 나방 역시 20cm가 넘는 날개 편 길이를 자랑하며 날개 모양도 넓적해요. 그리고 날개 끝에는 뱀의 머리 같은 눈알 무늬가 있답니다. 어때요? 멋지죠?

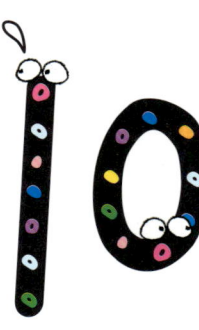

곤충의 다리 ①

다리가 왜 6개나 될까요?

곤충은 왜 다리가 6개나 될까요? 사람은 두 다리로 충분한데 말이죠. 다리가 많으면 오히려 불편하지 않을까 생각할 수도 있지만, 곤충의 다리는 참 쓸모가 많아요.

곤충의 다리는 앞에서부터 앞다리 한 쌍, 가운뎃다리 한 쌍, 뒷다리 한 쌍이 있는데, 각각의 다리는 모습이나 길이가 다르고 쓰임새도 다르답니다. 그렇다면 곤충의 다리는 어떤 일을 할까요? 앞다리는 몸을 앞으로 잡아당겨 나아가는 일을, 가운뎃다리는 몸을 들어 올리는 일을, 뒷다리는 몸을 앞으로 미는 일을 하지요.

또 사는 곳에 따라 다리가 다른 역할을 해요. 땅강아지처럼 땅속에 사는 곤충은 다리가 땅을 파기에 알맞게 생겼어요. 물방개처럼 물속에 사는 곤충은 물을 젓는 노처럼 생긴 다리로 헤엄을 치지요. 메뚜기처럼 풀숲을 뛰어다니는 곤충은 폴짝폴짝 뛸 수 있는 근육이 많은 굵은 다리를 가졌답니다. 소금쟁이처럼 물 위에 둥둥 뜰 수 있는 털이 많은 다리를 가진 곤충도 있어요.

먹이에 따라 다리가 다르기도 해요. 사마귀나 잠자리처럼 사냥을 하는 곤충은 사냥감을 꽉 잡을 수 있는 가시가 난 다리를 가졌지요. 이처럼 곤충의 다리는 각자 살아가기에 알맞게 발달되어 있답니다.

2장 천차만별, 곤충 들여다보기

곤충의 다리 ②

곤충의 다리가 하는 일은 뭘까요?

누구의 다리일까요? 이번에도 오른쪽 페이지를 가리고 문제를 맞춰 보세요. 곤충의 다리를 보고 어떤 일을 하는지도 맞춰 보세요.

• 정답 :

• 정답 :

• 정답 :

• 정답 :

• 정답 :

• 정답 :

사마귀

무시무시한 사마귀의 다리는 사냥감을 꽉 잡고 놓치지 않아요.

소금쟁이

소금쟁이는 물 위에 뜰 수 있는 신기한 다리를 가졌답니다.

꿀벌

꿀벌은 먹이가 되는 꽃가루를 다리에 동그랗게 저장해서 집으로 가지고 가요.

네발나비

네발나비는 다리가 4개 밖에 없으니 곤충이 아닐까요? 자세히 보세요. 사실은 쓰지 않는 2개의 앞다리가 퇴화하여 앞가슴에 바싹 붙어 있답니다.

방아깨비

펄쩍펄쩍 뛰는 긴 다리가 멋지죠? 긴 뒷다리를 손으로 잡고 있으면 마치 방아를 찧는 것처럼 움직여서 이름도 방아깨비예요.

물방개

물방개는 다리가 넓적한 노처럼 생겨서 재빠르게 헤엄을 칠 수 있어요.

곤충 기네스 — 점프왕은 누구일까요?

곤충 세계에서 높이뛰기 챔피언은 누구일까요? 벼룩이라고요? 과거에는 벼룩이 높이뛰기 챔피언으로 알려졌지만 벼룩보다 더 높이 뛰는 곤충도 있답니다. 어떤 곤충들인지 지금 바로 만나 볼까요?

33cm 벼룩

뭐? 나보다 더 높이 뛰는 녀석이 나타났다고?!

33cm, 벼룩

0.2~0.4cm로 아주 작은 벼룩이지만 무려 33cm나 뛸 수 있어요. 자기 몸 크기의 약 100배를 뛰는 셈이에요. 정말 대단하죠?

70cm, 거품벌레

벼룩보다 더 높이 뛰는 곤충은 바로 거품벌레예요. 몸길이가 0.6cm에 불과한 거품벌레가 무려 70cm를 뛰어오르는 것이 관찰되었답니다. 조그만 거품벌레가 이렇게 높이 뛰어오를 수 있는 비결은 바로 뒷다리와 연결된 가슴 근육이에요. 가슴 근육에 에너지를 저장했다가 새총을 쏘듯이 순간적으로 뛰어오른답니다. 거품벌레가 높이 뛰는 이유는 천적으로부터 빨리 도망치기 위해서예요. 거품벌레의 애벌레는 거품을 내어 그 속에 몸을 숨기지만 어른벌레가 되면 점프로 재빨리 도망친답니다.

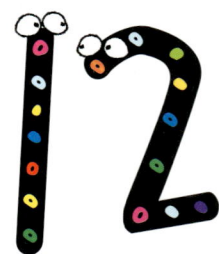

곤충의 몸 ①
배로 숨을 쉰다고요?

사람은 얼굴에 있는 코로 숨을 쉬지만 곤충은 배로 숨을 쉰다는 사실, 알고 있나요? 여러 개의 마디로 되어 있는 곤충의 배에는 '기문'이라는 숨구멍이 있어요. 각각의 숨구멍은 '기관'이라는 큰 관에 연결되어 있는데, 기관은 다시 작은 관으로, 이 작은 관은 더 작은 관으로 나뉘어 몸 전체로 퍼져요. 곤충은 기관을 통해 몸속 깊숙이 산소를 전달해요.

곤충의 배 끝에는 보통 한 쌍의 꼬리털이 있어요. 꼬리털은 더듬이와 비슷한 역할을 하지요. 뒤에서 몰래 살금살금 다가가도 곤충이 쉽게 알아채고 도망가는 것은 꼬리털 덕문이에요. 꼬리털은 또 짝짓기를 할 때에도 중요해요. 짝짓기를 할 때 배 끝을 서로 맞닿게 붙여야 하는데, 이때 꼬리털이 느끼는 감각을 이용한답니다. 보통 곤충의 꼬리털은 더듬이와 비슷하지만, 집게벌레의 경우에는 꼬리털이 아주 딱딱해져서 집게로 변했어요. 이 집게는 먹이를 잡거나 적을 물리치는 데 이용되지요.

배 끝에 알을 낳는 관인 산란관을 가진 곤충도 있어요. 바로 귀뚜라미나 여치 같은 곤충이지요. 산란관은 암컷에게만 있는데, 산란관을 흙 속에 찔러 넣어 알을 낳는답니다.

우린 코가 아니라 배로 숨 쉰다는 사실!

곤충의 몸 ②
작은 몸속엔 뭐가 들어 있을까요?

곤충의 몸속에는 어떤 기관이 있을까요? 아주 작은 곤충의 몸속에도 사람과 마찬가지로 복잡한 여러 기관이 있어요.

가장 먼저 단단한 껍데기인 외골격 밑에는 근육계가 있어요. 몸을 움직일 수 있게 해 주는 근육들이 곤충의 각 마디를 서로 단단하게 연결하고 있지요. 특히 곤충의 가슴에는 날개와 다리를 움직일 수 있게 하는 근육들이 모두 들어 있답니다.

곤충의 입에서부터 배 끝의 항문까지는 소화계가 길게 연결되어 있어요. 소화는 입에서부터 시작되는데, 곤충의 입에서도 음식물을 잘 씹을 수 있도록 침이 나와요. 누에 같은 애벌레는 여기서 실을 낼 수도 있지요. 입으로 먹은 먹이는 모이주머니에 잠시 저장되었다가 위로 가서 소화가 일어나요. 소화된 먹이는 장을 지나면서 영양분이 몸으로 흡수되고 찌꺼기만 몸 밖으로 나오게 된답니다. 그런데 곤충의 배설물은 먹이에 따라 달라요. 사람처럼 똥과 오줌을 따로 구별해서 누지 못하고 고체 먹이를 먹는 곤충은 똥만, 액체를 빨아 먹는 곤충은 오줌만 눈답니다.

곤충의 몸속에는 생식계도 있어요. 수컷은 정소에서 정자를 만들고 암컷은 난소에서 난자를 만들어요. 암컷과 수컷이 짝짓기를 하면 정자가 암컷의 몸속으로 전달되어 난자를 만나 수정이 일어나 알이 만들어진답니다.

곤충의 몸 ③

곤충의 피는 무슨 색일까요?

곤충이 피를 흘리는 것을 본 적이 있나요? 아마 대부분의 친구들은 본 적이 없다고 할 거예요. 그러나 곤충도 사람과 마찬가지로 피를 흘려요.

곤충의 피는 사람의 피와 색깔이 달라요. 사람의 피는 빨갛게 보이는데, 그건 피 속의 적혈구를 이루는 헤모글로빈이라는 물질이 붉은색을 띠고 있기 때문이에요. 그런데 곤충의 피에는 헤모글로빈이 없어요. 게다가 곤충은 사람과 달리 혈관이 없어서 피가 몸 속 다른 액체와 섞여 있어요. 그래서 곤충의 피는 '혈액'이 아니라 '혈림프'라고 불어요. 혈림프는 그 안에 어떤 색소가 있느냐에 따라 노란색이나 녹색, 푸른색 등으로 보인답니다. 그렇게 때문에 우리는 곤충이 피를 흘려도 피를 못 보았다고 생각하는 거예요.

곤충의 피는 사람의 피처럼 영양분을 공급하거나 몸속에 침입한 병균을 죽이는 일을 해요. 하지만 신기하게도 사람의 피처럼 산소를 실어 나르는 일을 하지는 않는답니다. 곤충은 배의 기문과 연결된 기관계가 몸속까지 연결되어 있어 피의 도움 없이 직접 산소를 이용할 수 있기 때문이에요.

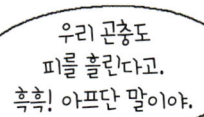

곤충 상식

벼룩도 간이 있을까요?

나 혼자 먹기에도 과자가 부족한데, 친구가 달라고 하면 '차라리 벼룩의 간을 달라고 해!'라고 친구에게 핀잔을 준 적이 있을 거예요. 정말 벼룩의 몸속에는 간이 있을까요? 결론을 말하자면 벼룩의 몸속에는 간이 없어요. 그 대신 사람의 간 역할을 하는 지방체라는 것이 있답니다.

2장 천차만별, 곤충 들여다보기

지구에는 곤충이 살지 않는 곳이 없어요. 곤충은 열대 우림에서부터 추운 남극에 이르기까지 모든 곳에서 산답니다. 땅속이나 물속에서도 살며 하늘을 날아다니기도 하지요. 어떤 곤충은 빛도 들어오지 않는 깊은 동굴 속에서 살고 어떤 곤충은 집에서 사람과 함께 살아가기도 해요. 지구 곳곳의 곤충을 만나러 지금부터 함께 떠나 볼까요?

발밑을 조심해요! 땅에 사는 곤충

 가장 처음으로 여행할 곳은 땅이에요. 대부분의 곤충은 잔디밭이나 숲속, 꽃밭 등의 땅에 살거든요. 수많은 곤충이 땅에 사는 이유는 무엇일까요? 그것은 땅에서 많은 식물이 자라고, 곤충은 식물에 붙어서 살아가는 경우가 많기 때문이에요.

 식물의 줄기 끝에는 진딧물이 붙어 있고 무당벌레와 풀잠자리가 왔다 갔다해요. 꽃이 핀 곳에는 사마귀가 몰래 숨어 있다가 꿀을 먹으러 날아오는 나비나 벌을 습격하기도 하지요. 또 여름에는 매미가 나무에 붙어서 '맴맴' 소리를 내며 짝을 찾아요. 사슴벌레, 하늘소는 나무의 수액을 빨아 먹고 살지요. 이처럼 땅과 식물, 식물과 곤충은 서로 떼려야 뗄 수 없는 사이랍니다.

지구 곳곳 가장 흔한 개미

 걸을 때는 조심조심, 발밑을 조심하세요. 지구 곳곳에 살고 있으며 땅에서 가장 흔하게 볼 수 있는 곤충인 개미를 밟을지도 몰라요. 개미는 땅 위의 여러 곳을 돌아다니며 먹을 것을 모아요. 큰 먹이를 찾으면 동료를 불러 모아 끌고 가지요. 그

> 땅에서 가장 흔히 만날 수 있는 곤충은 개미예요. 힘을 모아 먹이를 옮기는 모습이 신기하죠?

래도 힘이 모자라면 먹이가 있는 장소에 굴을 파고 아예 거기서 터전을 잡는 경우도 있어요. 개미는 다른 동물이 먹이를 가져가지 못하도록 흙무덤을 쌓아 올려 감추기도 한답니다.

바쁘다 바빠! 먼지벌레

개미 굴 옆을 먼지를 일으키듯 바삐 달려가는 곤충이 있네요. 바로 먼지벌레군요. 먼지벌레는 동작이 워낙 재빠르기 때문에 여간해서는 잡을 수 없어요. 만약 잡히더라도 고약한 냄새를 풍겨 적을 물리치는 기술이 있지요. 그중에서도 폭탄먼지벌레는 상처를 입힐 정도로 독한 화학물질이 나오는 방귀를 뀌는 것으로 유명하답니다. 곤충이 방귀를 뀐다니 정말 재미있죠?

3장 구석구석, 곤충 찾기

길앞잡이

와~, 길앞잡이가 우릴 안내해 주려나 봐. 알록달록 정말 예쁘다!

나 잡아 봐라! 길앞잡이

앗! 저기 앞장을 서서 다가가면 빨리 걷기도 하고 또 살짝살짝 날기도 하면서 '나 잡아 봐라' 하는 것 같은데요? 아하! 길앞잡이로군요. 길앞잡이는 마치 길 안내를 하는 것같이 움직여서 붙여진 이름이에요. 땅 위를 부지런히 돌아다니면서 다른 곤충을 사냥해요. 또 길앞잡이의 애벌레는 땅에 구멍을 파고 숨어 살면서 구멍에 빠지는 곤충을 잡아먹는답니다.

나 화나면 정말 무섭다고!

최고의 사냥꾼, 사마귀

길앞잡이가 우릴 안내한 곳에는 무시무시한 사마귀가 있었어요. 사마귀는 땅에 사는 최고의 사냥꾼이지요. 애벌레일 때에는 진딧물이나 파리 같은 작은 곤충을 잡아먹지만 다 자란 뒤에는 매미, 잠자리, 메뚜기 등의 곤충은 물론 거미나 말벌, 심지어 새끼 도마뱀도 잡아먹는답니다. 사마귀는 먹잇감이 나타나면 앞다리로 낚아채 사냥을 해요. 하지만 사마귀도 쉽게 잡아먹지 못하는 곤충이 있답니다. 바로 사슴벌레나 딱정벌레같이 크고 껍데기가 딱딱한 곤충이에요. 사마귀의 앞다리가 아무리 강해도 딱딱한 껍데기를 뚫기에는 힘이 모자라거든요.

땅을 깨끗하게, 송장벌레

마지막으로 만나 볼 곤충은 땅을 깨끗하게 청소해 주는 송장벌레랍니다. 송장이라는 말만 들어도 무섭다고요? 사실 송장벌레는 꽤 귀엽게 생겼어요. 죽은 동물의 사체, 즉 송장을 깨끗하게 처리해 주기 때문에 송장벌레라는 이름이 붙은 것이랍니다. 송장벌레는 사체를 땅에 묻어 깨끗하게 청소해요. 송장벌레가 이렇게 깨끗하게 청소하는 이유는 사체에 알을 낳아서 묻으면 애벌레들이 사체를 먹고 자라기 때문이랍니다. 땅도 깨끗하게 청소하고 새끼도 돌보니, 일석이조네요.

첨벙첨벙 물놀이할까요? 물에 사는 곤충

물속에는 물고기뿐만 아니라 곤충도 아주 많이 살고 있어요. 게아재비, 물장군, 물방개, 장구애비……. 곤충들은 물속에서 어떻게 살까요? 물속에 사는 곤충들을 만나 첨벙첨벙 함께 물장구쳐 볼까요?

물속에 사는 사마귀? 게아재비

게아재비는 사마귀와 아주 비슷하게 생겼어요. 사마귀처럼 앞다리가 길고 얼굴이 삼각형이지요. 그래서 게아재비를 물사마귀라고도 불러요. 사마귀는 먹이를 씹어 먹지만, 게아재비는 침처럼 생긴 주둥이로 피를 빨아 먹는답니다. 게아재비는 사체놀이의 고수예요. 게아재비를 물 밖으로 건져 내면 죽은 척하면서 썩은 나뭇가지 흉내를 내지요.

게아재비

사마귀 같은 외모에 뾰족한 주둥이로 피를 빠는 무서운 게아재비가 죽은 척이라니! 안 어울려~!

장구를 치는 장구애비

게아재비와 비슷하지만 게아재비보다 넓적한 이 녀석은 바로 장구애비예요. 몸이 납작하게 생겨 썩은 나뭇잎처럼 보이지요. 앞다리로 물 위에서 덤벙거리는 모습이 신나게 장구를 치는 것처럼 보여서 장구애비라는 이름이 붙었다고 해요. 이름이 참 재미있죠? 장구애비도 게아재비처럼 긴 앞다리로 작은 벌레를 꽉 잡고 피를 빨아 먹어요.

그야말로 장군감, 물장군

장구애비와 비슷하지만 몸길이가 10cm에 이르는 아주 큰, 그야말로 장군감이라 할 수 있는 곤충이 있어요. 바로 물장군이지요. 물장군은 크고 힘이 워낙 세서 개구리나 올챙이, 심지어 작은 물고기도

3장 구석구석, 곤충 찾기 77

사냥해 잡아먹는답니다. 최근에는 수질 오염으로 수가 많이 줄어서 멸종 위기 야생 동식물 2급으로 지정되어 보호받고 있어요. 그러니 물장군을 보더라도 잡지 말로 눈으로만 인사해 주세요!

물속의 청소부, 물방개

땅 위의 청소부가 송장벌레라면 물속의 청소부는 물방개예요. 물방개는 다른 곤충을 잡아먹는 것은 물론 사체까지 먹어치워서 이런 별명이 붙었답니다. 물방개는 물속을 빨리 헤엄치며 다녀요. 몸이 유선형이어서 물의 저항을 적게 받아 물속을 돌아다니기에 알맞지요. 또, 물방개의 뒷다리에는 털이 길게 나 있는데, 이 털로 오리발처럼 물을 휘저어 헤엄을 쳐요. 물방개는 적에게 붙잡히면 몸에서 하얀색의 고약한 냄새가 나는 기름 같은 물질을 내놓고 재빨리 도망친답니다.

물방개야, 물속을 청소해 줘서 고마워~!

물방개

느릿느릿 물속을 걷는 물땡땡이

물방개와 비슷하지만 물방개와는 달리 전혀 빠르지 않는 이 친구는 물땡땡이예요. 물땡땡이는 6개의 다리를 번갈아 움직이며 헤엄을 치는데, 전혀 빠르지 않고, 헤엄치기보다는 걷는 것처럼 보인답니다. 물땡땡이는 가슴 부위에 촘촘히 나 있는 털에 공기로 만든 풍선을 달고 다니면서 숨을 쉬는 신기한 곤충이에요.

물땡땡이

나도 물속에서 숨 쉬게 가슴 털 좀 빌려 주라~. 응?

곤충 상식

물속에 살다가 날개가 쏙!

애벌레일 때는 물속에 살다가 어른벌레가 되면 날개가 돋아서 물을 떠나는 곤충이 있어요. 잠자리, 하루살이, 모기, 강도래, 날도래, 반딧불이 등이랍니다. 애벌레일 때는 물속을 자유롭게 헤엄치고 어른벌레가 되어서는 하늘도 마음대로 훨훨 날 수 있다니 부럽죠?

물속에 살던 애벌레는 어떻게 물 밖으로 나갈까요? 곤충마다 그 방법이 다른데, 잠자리 애벌레는 물풀이나 물가의 돌 위로 기어 올라가 날개돋이를 해요. 모기는 물에 뜬 번데기에서 날개돋이를 하고 어른벌레가 된답니다.

모기의 날개돋이

3장 구석구석, 곤충 찾기

# 물 위를 사뿐사뿐, 물 위에 사는 곤충

물 속을 살펴 보았으니 이제 물 위로 올라가 볼까요? 물 위를 둥둥 떠다니거나 첨벙첨벙 헤엄치면서 사는 곤충들도 있어요. 어? 저기 소금쟁이가 보이네요.

소금쟁이의 비결을 파헤치다!

물 위의 곤충하면 가장 먼저 떠오르는 친구가 있죠? 맞아요. 바로 소금쟁이에요. 소금쟁이는 물 위를 사뿐사뿐 다니다가 다른 곤충이 물에 빠져 허우적거리면 금방 달려가서 잡아먹는답니다. 실에 작은 나뭇가지를 묶어 물 위에서 흔들어 보세요. 그러면 어디선가 숨어 있던 소금쟁이가 달려올 거예요.

소금쟁이가 물 위를 자유롭게 걸어 다니는 비결은 무엇일까요? 그 비밀을 알려면 소금쟁이의 발바닥을 잘 살펴보아야 해요. 소금쟁이의 발바닥에는 물에 잘 젖지 않는 잔털이 나 있는데, 이 잔털은 기름과 같은 물질로 덮여 있어요. 물과 기름은 섞이지 않고, 기름은 물보다 가벼워서 물 위에 잘 뜬답니다. 그런데 소금쟁이를 땅바닥에 놓아도 잘 걸을까요? 걸을 수는 있지만 물 위에서처럼 잘 걷지는 못한답니다. 이런 소금쟁이도 땅 위로 올라오는 경우가 있는데, 바로 겨울잠을 잘 때예요. 소금쟁이는 땅속에서 겨울잠을 자고 따뜻한 봄이 되면 다시 물가로 날아간답니다.

물 위를 맴맴, 물맴이

물 위에서 맴맴 울어서 물매미가 아니에요. 물 위를 뱅글뱅글 맴돌아서 물맴이랍니다. 물맴이가 물 위를 도는 이유도 소금쟁이와 같아요. 물맴이는 물 위에 떨어진 작은 곤충을 먹고 사는데, 물 위에 떠 있는 먹이를 찾기 위해서 주변을 계속 맴맴 돌지요. 물맴이는 빙글빙글 매우 빠르게 물 위를 미끄러지듯이 헤엄치면서도 절대 서로 부딪치지 않아요. 물 위를 볼 수 있는 눈과 물속을 볼 수 있는 눈을 모두 다 갖추고 있기 때문이에요. 물맴이는 물 위를 함께 맴도는 친구는 물론 물속에서 다가오는 적도 금방 알아채고 피한답니다.

죽었니? 살았니? 송장헤엄치게

땅 위의 송장벌레는 죽은 곤충을 먹어치워서 이름에 '송장'이 들어가요. 하지만 송장헤엄치게는 송장처럼 보여서 이런 이름이 붙었답니다.

죽은 곤충은 보통 몸이 뒤집혀서 배를 보이고 있어요. 그런데 송장헤엄치게는 살아 있으면서도 죽은 것처럼 몸이 뒤집힌 채로 생활한답니다. 송장헤엄치게의 이런 자세는 먹이 사냥을 하기에 유리하지요. 물에 빠진 곤충이 보이면 몰래 물 밑에서 접근해서 잡아먹을 수 있어요.

송장헤엄치게는 잡을 때는 무척 조심해야 해요. 사람 손을 주둥이로 따끔하게 쏠 수도 있어요.

누워 있다고 죽은 건 아니라고!

송장 헤엄치게

곤충 상식

메뚜기는 헤엄을 칠까요?

메뚜기도 헤엄을 칠 수 있어요. '정말?' 하고 깜짝 놀라는 친구도 있을 거예요. 메뚜기가 물에 들어가면 꼬르륵 가라앉는 것이 아니라 둥실 물에 떠요. 물에 떠서 뒷다리를 쭉쭉 뻗으며 아주 잘 헤엄친답니다. 하지만 메뚜기는 헤엄을 즐기지는 않아요. 가능하면 빨리 물 밖으로 나오려고 하지요. 그렇지 않으면, 물에 사는 육식성 곤충이나 물고기에게 잡아먹히기 때문이랍니다.

메뚜기

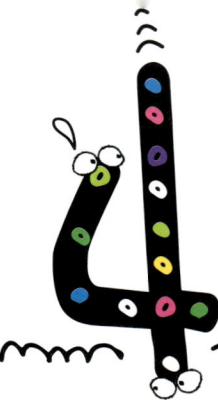

남극에도 곤충이 있다고요?

'어유~ 추워라.' 아주아주 추운 남극에서도 곤충이 살 수 있을까요?

곤충은 주위의 온도에 따라 몸의 온도가 변하는 변온 동물이기 때문에 대부분 추위에 아주 약해요. 곤충은 추우면 몸의 기능이 멈추어 먹은 것을 소화시키거나 성장할 수가 없어요. 그래서 추운 곳에 사는 곤충은 매우 드물답니다. 그렇지만 기온이 아주 낮은 남극에 사는 곤충이 있어요. 바로 위쪽으로 톡톡 잘 튀어오르는 톡토기예요. 톡토기는 크기가 매우 작은 곤충인데, 땅이나 낙엽 속에서 생활해요. 톡토기는 추위를 피해 남극의 땅 아래 돌 밑이나 낙엽과 이끼 틈바구니에 숨어 살아요. 아주 추운 남극이라고 해도 날씨가 비교적 따뜻해지는 여름이 있어요. 여름이 오면 톡토기들은 활발히 활동을 시작하지요.

아주 추운 호수 속에서 사는 곤충도 있어요.

깊은 물속은 온도가 아주 낮을 뿐만 아니라 물의 압력이 세서 보통의 곤충은 살지 못해요. 하지만 러시아의 아주 크고 깊은 호수 바이칼호에는 깔따구의 애벌레가 살고 있답니다. 바이칼호의 깊이는 최대 1,620m나 되는데, 수심 1,360m의 깊은 곳에서 깔따구의 애벌레가 살고 있는 것이 발견됐지요. 깔따구의 애벌레는 이 기록으로 가장 깊은 곳에 사는 곤충으로 기네스북에 올랐답니다.

5 꼽등이와 동굴 속으로!

빛이 들어오지 않는 깜깜하고 무서운 동굴. 하지만 이 속에 사는 곤충이 있답니다. 동굴에 사는 곤충 중에서도 가장 대표적인 곤충은 바로 꼽등이와 장님좀먼지벌레예요.

꼽등이는 뱃속에 사는 기생충인 연가시 때문에 유명해진 친구죠? 연가시는 사람에게는 옮지 않기 때문에 연가시나 꼽등이를 너무 무서워할 필요는 없어요. 또 꼽등이와 귀뚜라미를 헷갈려 하는 친구들이 많은데, 꼽등이는 귀뚜라미와는 달리 울지 못하고 다리와 더듬이가 훨씬 길며, 어두운 곳을 좋아한답니다.

장님좀먼지벌레는 빛이 없는 어두운 동굴에 살기 때문에 눈이 없는 신기한 곤충이에요. 그래서 이름도 장님좀먼지벌레지요. 눈이 없으면 아주 불편할 것 같지만, 살아가는 데 불편함이 없어요. 빛이 없기 때문에 눈으로 사물을 보기보다는 냄새와 촉감으로 사물을 구별한답니다.

컴컴한 동굴에는 빛이 없어 식물이 자라지 못해요. 그래서 동굴에 사는 곤충들은 식물을 먹지 않아요. 동굴에 사는 다른 곤충을 잡아먹거나 박쥐와 같은 동굴에 사는 동물의 사체를 먹고 산답니다.

우리 집에 곤충이 바글바글?

우리 집에서 우리와 함께 사는 곤충도 많아요. 맞아요, 여러분도 잘 알고 있는 바로 그 곤충! 파리, 모기, 바퀴, 개미 등이랍니다. 우리가 자주 보는 곤충이지만 이 친구들에 대해 몰랐던 것이 아주 많을 거예요. 우리 집에 사는 곤충들을 만나 볼까요?

계속 손 씻는 깨끗한 파리

밥 먹을 때 왱왱 소리를 내며 밥상 위에 앉는 파리. 파리가 밥에 앉으면 밥을 먹기가 싫어지지요. 집파리는 전세계에 널리 살고 있는데, 쓰레기와 같은 오물이 있는 곳이면 어디나 살 수 있어요. 더러운 곳에 앉았다가 사람이 먹는 음식물에도 앉기 때문에 사람들에게는 환영받지 못하지요. 하지만 반대로 파리는 깨끗한 곤충이기도 해요. 파리는 수시로 앞다리를 싹싹 비벼서 청소하거든요. 이것은 파리가 먹이를 맛 본 앞다리를 청소하는 거예요. 그래야 다음에 또 맛있는 음식

네 음식을 뺏어 먹어서 미안! 더러워서 미안!

파리

을 맛 볼 테니까요. 파리가 다리를 비비면 사람 입장에서는 파리 다리에 붙은 것이 떨어지니까 더러워 보여요. 하지만 파리 입장에서는 다리에 붙은 더러운 것을 떼어내고 깨끗해지는 목욕을 하는 셈이랍니다.

간질간질 모기

잠을 자다가 모기에게 물려 잠을 깬 적이 있을 거예요. 모기가 물면 가렵고 살이 부풀어 오르지요. 모기가 사람의 피를 빨 때, 피가 굳지 말라고 자기 침을 집어넣는데, 그 침 때문에 가려운 것이랍니다. 모기는 암컷만 피를 빨아요. 알을 낳는 데 필요한 영양분을 얻기 위해서 피를 빠는 것이지요. 수컷 모기는 꽃의 꿀이나 나무의 수액, 이슬 등을 먹고 살아요.

그런데 신기하게도 모기가 침을 찌를 때는 아프지 않죠? 그래서 과학자들은 모기 침을 연구해서 찌를 때 아프지 않은 주삿바늘을 개발하고 있어요. 우리를 괴롭히는 모기지만 쓸모 있을 때도 있네요.

모기가 피를 빠는 도중에 잡으면 모기 침이 피부에 박혀서 병에 걸린다는 이야기가 있는데, 이건 사실이 아니니 안심해도 된답니다.

모기

배가 고파서 피를 빠는 게 아니야. 알을 낳으려고 그런단다.

생존왕, 바퀴

파리나 모기 외에도 집에서 자주 볼 수 있는 곤충은 바로 바퀴예요. 바퀴는 전 세계 어디서나 살고 있는 곤충인데, 특히 난방이 잘되는 따뜻한 집을 좋아하지요. 옛날에는 바퀴를 돈벌레라고도 했어요. 부자들이 사는 따뜻한 집에 많았기 때문이랍니다.

바퀴는 음식 쓰레기뿐만 아니라 머리카락이나 때 등 온갖 종류의 것을 다 먹고 살아요. 바퀴를 없애려면 바퀴가 먹는 것을 모두 감추어야 하지요. 그런데 먹이를 없앤다고 해도 바퀴가 바로 사라지는 것은 아니에요. 어떤 바퀴는 물 한 방울 못 먹어도 3주일 정도를 버틸 수 있는 놀라운 생존 능력을 가졌거든요. 또, 바퀴는 방사선을 쬐어도 인간보다 오래 견딜 수 있다고 해요. 그래서 지구가 멸망해도 바퀴는 살아남는다는 말이 있을 정도랍니다.

어때요? 바퀴를 생존왕이라고 부를 만하죠?

곤충도 사람처럼 짝을 만나 자식을 낳아요. 아기가 자라 어른이 되어 다시 아기를 낳아 자식을 남기는 것처럼요. 곤충은 마음에 드는 곤충을 만나면 사랑을 고백하는 구애 행동도 하고, 짝짓기를 해서 알도 낳아요. 여기서 끝이 아니에요. 알을 정성스럽게 돌보는 곤충도 있답니다. 알에서 깨어난 애벌레는 자라서 어른벌레가 되는데, 애벌레에서 어른벌레가 되면서 모습이 아주 많이 바뀌는 곤충도 있어요. 곤충은 어떻게 짝을 만나 짝짓기를 하고, 알을 낳고, 자라서 어른벌레가 되는지 자세하게 알아볼까요?

곤충은 어떻게 사랑고백을 할까요?

아빠와 엄마가 처음 만났을 때, 둘은 서로 관심을 끌기 위해 선물을 하거나 노래를 불러 주는 등 멋진 사랑 고백을 했어요. 곤충도 마찬가지예요. 마음에 드는 상대의 마음을 얻어 짝짓기를 하기 위해 선물을 주거나 노래를 부르는 등 사랑 고백을 한답니다. 이를 '구애 행동'이라고 해요. 곤충은 대부분 수컷이 암컷에게 사랑을 고백하지요. 곤충들이 어떻게 사랑을 고백하는지 살짝 들여다 볼까요?

맴맴, 사랑을 부르는 노랫소리

매미는 배에 있는 기관으로 사랑의 노래를 불러요. '맴맴'하는 소리로 암컷을 부른답니다. 매미는 종류마다 울음소리가 달라서 울음소리만 들어도 자기와 같은 종류인지 다른 종류인지 금방 알 수 있답니다. 또, 매미는 한 나무에 무리를 지어 붙어서 단체로 울기를 좋아하는데, 수컷 혼자 독창을 하는 것보다 여러 마리가 합창을 하면 소리가 더 커져서 멀리 떨어진 암컷의 귀에도 잘 들리기 때문이에요.

냄새가 난다, 사랑의 냄새가!

암컷 나방은 번데기에서 나오자마자 배 끝에서 특유의 냄새를 풍기기 시작해요. 이 냄새는 '페로몬'이라는 물질에서 나지요. 수컷 나방은 암컷 나방의 페로몬 냄새를 수십~수백 킬로미터 밖에서도 맡을 수 있어요. 뿐만 아니라 암컷 나방이 있는 곳을 정확하게 찾아 날아올 수도 있지요. 수컷 나방의 더듬이는 페로몬 냄새를 맡기 위해 매우 복잡한 깃털 모양으로 발달했답니다.

나방

귀뚤귀뚤, 내 사랑을 받아줘~

가을이 되면 '귀뚤귀뚤'하는 소리가 들려요. 이것은 귀뚜라미 수컷이 암컷을 찾기 위해 내는 소리예요. 귀뚜라미는 날개를 비벼서 소리를 내지요. 귀뚜라미도 매미처럼 종류마다 다른 소리를 내서 암컷

귀뚜라미

4장 돌고 도는, 곤충의 한살이

이 자기를 쉽게 찾게 한답니다. 단체로 소리 내는 걸 좋아하는 매미와는 달리 수컷 귀뚜라미는 다른 수컷이 자기의 영역에 들어와 소리 내면 치열한 싸움을 벌여요. 사랑을 차지하기 위해서는 물불을 가리지 않는 열정적인 곤충이랍니다.

반짝반짝 빛으로 유혹해

반딧불이

캄캄한 밤에 반짝반짝 빛을 내는 반딧불이는 빛으로 사랑을 전해요. 반딧불이의 배 아랫부분에는 밝은 빛을 내는 기관이 있어요. 밤하늘을 깜박이며 날아다니는 불빛은 반딧불이 수컷과 암컷이 서로 사랑의 신호를 보내는 것이지요. 그런데 신기하게도 반딧불이 종마다 빛의 세기, 깜박거리는 속도, 꺼졌다 켜지는 시간차가 달라서 서로 같은 종인지 아닌지 금세 알아볼 수 있답니다.

맛있는 선물은 어때?

춤파리

사랑하는 사람에게 달콤한 초콜릿을 선물하듯 암컷의 관심을 끌기 위해서 맛있는 선물을 하는 곤충도 있어요. 곤충이 선물을 한다니 거짓말 같다고요? 사실이랍니다. 날면서 암컷을 유인하는 춤파리 수컷은 먹이인 작은 곤충을 잡아 암컷에게 갖다 바치는데, 암컷이 먹이를 받아 주어야만 짝짓기를 할 수 있어요. 또, 밑들이라는 곤충은 수컷이 암컷을 먹이가 있는 장소로 안내하여 암컷이 먹이에 한눈파는 동안 짝짓기를 한답니다.

난 네가 싫어!

곤충의 수컷과 암컷은 만나면 무조건 좋아할까요? 그렇지 않아요. 친구들도 마음에 드는 여자 친구 또는 남자 친구가 따로 있지요? 이처럼 곤충도 수컷이 좋다고 따라와도 암컷이 싫어하는 경우가 있어요. 배추흰나비 암컷은 수컷이 다가왔을 때 가끔 날개를 눕히고 배를 수직으로 번쩍 쳐드는 이상한 행동을 해요. 이것은 네가 싫으니 저리 가라는 신호랍니다. 사랑을 거절하는 행동이 참 재미있죠?

배추흰나비

곤충 상식

반딧불이는 어떻게 빛을 낼까요?

한여름 밤 밝은 냇가 주변을 걷다 반짝반짝 아름다운 불빛을 본 적 있나요? 이 불빛은 바로 반딧불이가 내는 것이에요. 반딧불이는 배의 꽁무니에 빛을 내는 기관이 있는데 이것을 '발광기'라고 해요. 바로 이 발광기에 있는 '루시페린'이라는 단백질이 산소를 만나면 빛이 난답니다. 재미있게도 반딧불이가 내는 불빛은 전구의 빛과는 다르게 전혀 뜨겁지 않아요.

반딧불이는 깨끗한 환경에서만 살기 때문에 요즘은 보기가 어려워요. 반딧불이가 살 수 있는 깨끗한 환경을 만드는 일, 우리가 앞장서 나가야겠어요.

반딧불이

4장 돌고 도는, 곤충의 한살이

# 곤충의 짝짓기

수컷과 암컷 곤충이 만나 구애행동을 하고 서로 마음에 들면 짝짓기를 해요. 잠자리는 매우 특이한 자세로 짝짓기를 하는 곤충이에요. 잠자리 수컷은 배 끝으로 암컷의 목덜미를 붙잡고, 암컷의 배 끝은 다시 수컷의 배가 시작되는 부분과 연결되기 때문에 그 모습이 신기하게도 하트 모양과 비슷하답니다.

잠자리처럼 특이한 자세로 짝짓기를 하는 곤충은 많지 않아요. 많은 곤충들은 배 끝을 맞대고 짝짓기를 하지요. 노린재는 배 끝을 붙인 채 왔다 갔다 식물 위를 움직이는데, 오랜 시간 떨어지지 않아요. 병대벌레 같은 곤충은 암컷의 배 끝에 수컷이 붙으면 아예 대롱대롱 매달린 채로 수컷이 암컷에 끌려 다니기도 해요. 수컷이 암컷의 등에 업혀 짝짓기를 하는 곤충도 많아요. 메뚜기, 무당벌레, 파리가 그렇답니다.

목숨을 걸고 짝짓기를 하는 곤충도 있어요. 사마귀는 짝짓기가 끝나면 암컷이 수컷을 잡아먹어요. 그 이유는 알을 만드는 데 필요한 영양분을 얻기 위해서예요. 사마귀 새끼는 아빠 사마귀의 희생으로 태어나는 거지요.

곤충이 짝짓기를 하는 이유는 번식을 하기 위해서예요. 짝짓기를 통해 수컷의 정자가 암컷의 몸속으로 들어가야 새끼가 태어나고, 자손을 이어 갈 수 있으니까요.

잠자리는 하트 모양의 특이한 자세로 짝짓기를 한단다.

예쁘긴 한데 힘들어 보여요.

곤충 상식

짝짓기 없이도 알을 낳는다고요?

곤충은 암컷과 수컷이 짝짓기를 해야 알을 낳아요. 그런데 짝짓기를 하지 않아도 알을 낳는 곤충이 있어요. 몸이 나뭇가지처럼 생긴 것으로 유명한 대벌레는 짝짓기를 하지 않아도 암컷이 알을 낳을 수 있어요. 수컷의 정자가 없어도 암컷의 난자만으로도 알을 만들 수 있거든요. 이렇게 짝짓기를 하지 않아도 새끼를 낳는 것을 단위생식이라고 한답니다.

대벌레

4장 돌고 도는, 곤충의 한살이　99

소중한 알을 보호하는 비법

짝짓기를 끝낸 곤충의 암컷은 이제 알을 낳아요. 사람이 배 속에 든 아기를 소중히 여기는 것처럼 곤충들도 알을 무척 소중하게 여긴답니다. 알에서 애벌레가 나올 때까지는 위험한 일이 많아요. 다른 곤충이 먹을 수도 있고 밟혀서 깨질 수도 있으니까요. 그래서 곤충의 암컷들은 알을 안전하게 보호하려고 다양한 비법을 쓴답니다. 곤충 엄마들이 어떤 기발한 방법을 쓰는지 친구들에게만 이야기 해 준대요.

알에 똥을 바르는 잎벌레

안녕? 나는 잎벌레야. 나는 알을 낳을 때 내가 싼 똥을 알 껍질 위에 발라. 너무 더럽다고? 천만의 말씀! 너희는 더럽다고 생각할지 모르겠지만, 누가 그 똥 속에 알이 들어 있다고 생각을 하겠니? 우리 잎벌레의 알은 똥 속에서 안전하게 보호되어 무사히 애벌레가 될 수 있단다.

따뜻한 사마귀의 알집

날 보기만 해도 무섭다고? 너무 무서워하지 마. 무서운 사냥꾼인 우리 사마귀도 알을 낳을 때에는 정성을 다한단다. 나뭇가지 끝에 붙어서 사람이 쳐다봐도 달아나지 않고 알집을 만들 정도지. 우리 알집은 마치 거품이 붙어 있는 것처럼 보여. 실제로 알집에는 거품처럼 공기가 들어 있어 추위를 막아 주지. 겨울에 공기층이 있는 내복을 입으면 따뜻한 것과 비슷한 원리야. 알은 따뜻한 알집에서 추운 겨울을 무사히 날 수 있단다.

털을 뽑아 알집을 덮는 매미나방

머리카락을 뽑아 본 적 있니? 한 올만 뽑아도 아프지? 그런데 우리 매미나방은 배에 난 털을 잔뜩 뽑아 알집을 덮어 놓는단다. 우리 사랑이 대단하지? 털이 보송보송한 우리 알을 곰팡이로 착각하진 말라고!

알을 지켜라! 물장군

안녕? 난 아빠 물장군이야. 우린 암컷이 알을 낳으면 알을 지킨단다. 알은 연못 가운데에서 솟아 나온 나무 기둥 같은 것에 붙어 있는데, 우리는 하루에도 수십 번 물 밖으로 나와 알이 있는 곳을 오르내리며 천적이 다가오는 것을 막지. 알이 마르지 않도록 물을 적셔 주기도 하고 말이야. 어때? 알을 지키는 우리 모습이 장군처럼 늠름하지?

알을 품는 에사키뿔노린재

난 등에 하트 무늬가 있는 예쁜 곤충, 에사키뿔노린재야. 우리는 잎사귀 뒷면에 알을 낳아 붙인 뒤, 몸으로 알을 덮어 개미와 같은 천적으로부터 알을 보호해. 날이 너무 더우면 날갯짓을 해서 바람을 일으켜 알을 시원하게 해 주기도 한단다. 우리 등의 하트무늬는 우리가 알을 얼마나 사랑하고 아끼는지 나타내는 것일지도 몰라.

목숨이 다할 때까지, 집게벌레

우리 집게벌레는 땅굴을 파고 방을 만들어 알을 낳는데, 이런 축축한 땅 밑은 곰팡이가 생기기 쉬워. 그래서 계속 입으로 알을 핥으며 돌보지. 또 천적이 다가오면 집게로 물리치기도 해. 우리는 먹지도 않은 채 알을 돌보다가 마침내 애벌레가 알에서 나오면 임무를 마치고 죽는단다. 목숨이 다할 때까지 알을 돌보는 우리의 사랑, 대단하지?

집게벌레

곤충 상식

곤충은 어디에 알을 낳을까요?

곤충은 여러 장소에 알을 낳아요. 천적이 잘 찾지 못하게 알을 숨길 수 있는 곳이나 애벌레가 좋아하는 먹이가 있는 곳 등에 알을 낳지요.
메뚜기는 배 끝으로 땅을 파고 땅속에 알을 낳아요. 잠자리는 애벌레가 물속에서 살기 때문에 물에 알을 떨어뜨리거나 물풀 속에 알을 낳지요. 애벌레가 나무속을 파먹고 자라는 하늘소는 긴 더듬이로 썩은 나무를 잘 찾아내요. 썩은 나무의 껍질이나 틈에 알을 낳으면, 알에서 태어난 애벌레가 나무를 파고 들어간답니다. 호랑나비는 애벌레가 먹을 수 있는 산초나무 같은 식물의 잎을 정확히 찾아내 주로 잎 뒷면에 알을 붙여요. 이렇듯 곤충은 새끼가 살기에 가장 적합한 장소를 찾아 알을 낳는답니다.

메뚜기

자식 사랑 일등, 물자라

사람 못지않게 자식에게 정성을 쏟는 자식 사랑 일등 곤충을 만나러 왔습니다. 바로 물자라인데요. 마침 저기 알을 등에 지고 지나가는 물자라 씨가 보이는군요. 지금 당장 인터뷰하겠습니다.

안녕하세요. 물자라 씨. 이번에 자식 사랑 일등 곤충으로 뽑히신 것을 축하 드립니다. 알이 정말 예쁘네요. 엄마의 사랑을 듬뿍 받아서 더 예쁘게 보이나 봐요~.

흠흠, 전 엄마가 아니라 아빠입니다. 제가 제 등에 어떻게 알을 낳겠습니까? 엄마 물자라가 아빠인 제 등에 알을 낳은 것이랍니다.

아! 그, 그렇군요. 죄송합니다. 그럼 엄마는 어디에 계세요?

엄마는 지난 봄, 짝짓기 시기에 만났지요. 우리는 마치 힘자랑을 하는 것처럼 팔 굽혀 펴기를 해서 암컷을 불러요. 팔 굽혀 펴기를 하면 물결이 일어나는데, 이 신호가 암컷을 부른답니다. 저의 신호를 보고 온 그녀와 전 한눈에 반하고 말았어요. 짝짓기를 한 후 그녀는 제 등에 알을 낳고 제 곁을 떠났어요. 그녀가 나쁜 게 아니에요. 원래 모든 물자라 암컷은 수컷의 등에 알을 낳고 떠난답니다.

"그렇군요. 그런데 도대체 왜 등에 알을 낳는 것인가요?"

"아무 데나 알을 낳으면 물가의 다른 천적들한테 잡아먹히기 쉽기 때문이에요. 알 속에서는 생명이 자라고 있기 때문에 신선한 공기와 적당한 습기가 필요해요. 우리 수컷 물자라들은 알이 물에 너무 잠겨서 썩지 않을까, 또 잘못해서 숨을 쉬지 못할까 걱정하며 물속과 물 위를 들락날락해요. 그렇게 알의 건강에 무척 신경쓴답니다. 마침내 애벌레들이 알에서 나와 등을 떠나면 우리의 임무도 끝나지요."

"알을 정성스럽게 돌보는 모습이 정말 자식 사랑 일등 곤충이라고 할 만하네요. 그럼 알들이 무사히 애벌레로 태어나길 바라요. 인터뷰 감사합니다!"

best
자식 사랑 챔피언 물자라!

곤충의 탈바꿈 ①
자라서 무엇이 될까요?

우리는 엄마, 아빠와 닮았다는 말을 많이 들어요. 실제로 엄마, 아빠의 어릴 적 사진을 보면 우리와 닮은 듯도 하고요. 그런데 곤충의 새끼도 부모와 모습이 닮았을까요? 그건 곤충마다 다르답니다. 곤충은 어른벌레가 될 때까지 모습이나 습성이 많이 바뀌는 '탈바꿈(변태)'을 하거든요.

곤충의 탈바꿈은 크게 '완전 탈바꿈'과 '불완전 탈바꿈'으로 나눌 수 있어요. 완전 탈바꿈은 '알→애벌레→번데기→성충'의 순서로 모습을 바꾸는 것을 말해요. 호랑나비의 한살이를 관찰해 볼까요? 알에서 애벌레가 나와 번데기를 거쳐 아름답고 화려한 날개를 가진 호랑나비로 변신을 하지요. 이처럼 완전 탈바꿈을 하는 곤충은 어미와 새끼의 모습이 완전히 달라요. 이런 곤충은 수없이 많아요. 나방, 딱정벌레, 파리, 모기, 벌, 무당벌레 등도 모두 완전 탈바꿈을 하지요.

불완전 탈바꿈은 '알→애벌레→성충'의 과정을 거치는 것으로, 완전 탈바꿈과는 다르게 번데기 과정이 없답니다. 불완전 탈바꿈을 하는 메뚜기의 애벌레는 크기가 작고 날개가 아주 짧지만 어미와 비슷한 모습을 하고 있어요. 그러나 불완전 탈바꿈을 하는 곤충이 모두 애벌레 때의 모습과 어른이 되었을 때의 모습이 비슷하지는 않아요. 잠자리는 애벌레 때에는 물속에서 살아요. 또, 매미는 애벌레 때에는 땅속에서 살지요. 불완전 탈바꿈을 하는 곤충에는 사마귀, 노린재, 하루살이 등이 있답니다.

곤충의 탈바꿈 ②
모두모두 자란다, 시시때때 자란다

곤충의 애벌레는 몸이 딱딱한 껍데기나 질긴 껍질로 싸여 있어요. 그런데 껍데기나 껍질은 잘 늘어나지 않기 때문에 그 속에 있으면 커질 수가 없지요. 그래서 애벌레들은 자라면서 낡은 껍데기나 껍질을 벗어요. 바로 '허물벗기(탈피)'를 하는 것이랍니다. 허물은 우리들이 자라면 못 입게 되는 작은 옷과 같다고 보면 돼요.

애벌레는 허물을 한 번 벗을 때마다 몸이 전보다 1.5배 정도 커져요. 애벌레가 허물을 금방 벗었을 때에는 몸이 단단하지 않고 매우 부드러운데, 그 상태에서 애벌레의 몸이 빠르게 부풀면서 커지는 것이지요. 그러다가 시간이 조금 지나면 다시 몸이 단단해지고 다음번 허물을 벗을 때까지 애벌레는 그 크기를 유지하게 된답니다.

곤충은 종류마다 애벌레가 어른벌레가 될 때까지 허물을 벗는 횟수가 다 달라요. 예를 들어 호랑나비는 애벌레가 되어 번데기로 자랄 때까지 5번 허물벗기를 해요. 호랑나비 애벌레는 허물을 한 번 벗을 때마다 생김새가 아주 많이 바뀐답니다.

곤충은 대부분 어두운 밤이나 새벽에 허물을 벗어요. 허물을 벗을 때에는 도망을 갈 수 없기 때문에 천적의 눈을 피해 조심스럽게 허물을 벗는 것이지요. 또, 밤에는 습기가 많아서 천천히 몸을 말릴 수도 있으니 일석이조랍니다.

곤충의 탈바꿈 ③
조용한 번데기 속에서

애벌레가 마지막 허물벗기를 하면 번데기가 돼요. 모든 애벌레가 번데기가 되는 것이 아니라 완전 탈바꿈하는 곤충만 번데기가 된다는 건 잘 알고 있죠?

우리가 보기에 번데기는 아무 일도 하지 않고 잠만 자는 것 같지만 사실 그 안에서는 예전 애벌레의 모습이 완전히 사라지고 새로운 어른벌레의 몸이 만들어지는 놀라운 일이 일어나고 있답니다. 아주 조용히 그리고 비밀스럽게 말이지요. 왼쪽에 보이는 번데기는 작은멋쟁이나비의 번데기예요. 아래를 보면 작은멋쟁이나비의 애벌레가 번데기가 되고, 번데기에서 예쁜 나비가 나오는 모습을 볼 수 있어요. 어때요? 못생긴 애벌레가 나비가 되다니 정말 신기하고 놀랍죠?

이와 같이 곤충이 마지막으로 허물벗기를 하고 어른벌레가 되는 것을 '날개돋이(우화)'라고 해요. 곤충이 날개를 달고 날 수 있는 것은 마지막 어른벌레에서만 할 수 있는 것이기 때문에 날개돋이는 곧 어른벌레가 된다는 말과 같아요. 따라서 날개돋이는 곤충의 성인식이라고 할 수 있답니다.

곤충은 왜 죽을까요?

이 세상에 영원히 사는 생물은 없어요. 사람도 곤충도 마찬가지지요. 곤충도 태어나 먹고 자라고 짝짓기를 한 후 알을 낳은 뒤, 자신의 정해진 수명이 다하면 죽게 된답니다. 그런데 자연에서는 수명을 다해 죽는 것보다는 천적에게 잡아 먹혀 죽는 경우가 더 많아요.

겨울철 나뭇가지 끝에 꽂힌 사마귀나 메뚜기를 본 적 있나요? 이것은 바로 때까치가 겨울에 먹을 비상식량으로 곤충을 꽂아 둔 것이랍니다. 새들은 곤충을 잡아먹는 가장 큰 천적이지요.

때로 곤충은 날씨 때문에 죽음을 맞이하기도 해요. 더 살고 싶어도 추운 겨울이 오기 때문에 얼어 죽는 것이지요. 사마귀는 따뜻한 집 안에서 먹이를 주고 기르면 다음 해 1월이 되도록 죽지 않고 살 수 있어요. 그러나 자연에서는 보통 11월이 가기 전에 다 얼어 죽지요.

병에 걸려 죽기도 해요. 곤충의 몸이 약해지면 몸속에 곰팡이와 세균이 쉽게 침입하거든요. 병든 곤충은 몸이 약해지고 비실거리다가 결국 죽게 될 수 있답니다.

곤충의 몸에 생긴 곰팡이가 만든 버섯이 바로 동충하초야.

동충하초

여치와 여치의 배에서 나온 연가시

　기생충 때문에 죽기도 해요. 가을철 여치의 뱃속에서 새까만 회충처럼 생긴 벌레가 나오는 일이 있는데, 이것은 연가시라고 하는 기생충이에요. 연가시는 곤충의 몸속에 작은 애벌레 상태로 숨어 있다가 여치가 이 곤충을 잡아먹게 되면 여치 몸속으로 들어가 양분을 가로채 먹으면서 배 속에서 크게 자라요. 결국 기생충에게 양분을 모두 빼앗긴 여치는 죽고 말지요. 연가시는 원래 물속에서 번식하기 때문에 몸 밖으로 나갈 때가 되면 곤충이 스스로 물에 빠지도록 뇌까지 조종한다고 하니 정말 무시무시하죠?

곤충 기네스: 오래 사는 곤충 VS 짧게 사는 곤충

곤충은 사람보다 수명이 훨씬 짧아요. 그렇지만 그중에서도 오래 사는 곤충이 있지요. 그렇다면 어떤 곤충이 가장 짧게 살고, 어떤 곤충이 가장 오래 살까요? 미인은 일찍 죽는다는 사자성어 미인박명이 아니라 미충박명하는 곤충과 장수 곤충을 만나 볼까요?

비단벌레

best

51년 사는 비단벌레

딱정벌레 무리에 속하는 비단벌레는 무려 51년 만에 썩은 나무속에서 어른벌레가 되어 나온다고 해요. 거짓말 같겠지만 사실이에요. 대개 썩은 나무속을 뚫고 다니는 하늘소와 비단벌레 등은 꽤 오래 사는 곤충에 속하지요. 그런데 어른벌레가 되기까지 51년이나 걸릴 수도 있다니, 정말 놀라운 일이네요. 그 다음으로 유명한 것은 미국의 17년 매미로 이름처럼 17년 동안 사는데, 17년을 땅속에서 애벌레로 살다가 나온답니다.

17년 매미

5일 사는 진딧물

많은 곤충들이 어른벌레보다 애벌레 상태로 더 오래 살아요. 어른벌레를 기준으로 가장 짧게 사는 곤충은 바로 하루살이에요. 친구들도 짐작하고 있었죠? 미국의 어떤 하루살이는 마지막 허물을 벗고 어른이 된 뒤 5분밖에 살지 못한다고 해요. 5분 동안 짝을 만나 짝짓기를 하고 알을 낳는 것이지요. 짧은 시간에 이렇게나 많은 일을 하다니 믿을 수가 없네요. 하지만 하루살이의 애벌레는 물 속에서 2~3년 정도 살아요. 알부터 어른벌레까지 곤충의 한살이를 기준으로 할 때, 가장 수명이 짧은 것은 진딧물 종류예요. 기장테두리진딧물은 5.1일, 아카시아진딧물은 5.8일만 산답니다. 약 5일 동안 알에서 나와 자라서 어른벌레가 된 다음 짝짓기를 하고 다시 알을 낳는 거예요. 우리에게는 그리 긴 시간이 아닌 5일이 곤충에게는 평생의 아주 귀한 시간인 셈이에요.

곤충은 생활하는 모습도 가지가지에요. 먹이도 다르고 집을 짓고 생활하는 방식도 다르지요. 곤충 중에는 사람처럼 무리를 지어 살며, 사회생활을 하는 곤충도 있어요. 바로 벌이나 개미 같은 곤충이지요. 벌과 개미의 사회는 인간의 사회와 어떻게 다를까요? 곤충도 사람처럼 서로 대화를 할 수 있다는 건 알고 있나요? 물론 진짜 말을 하는 것은 아니지만 서로 알아들을 수 있는 신호를 주고받는답니다. 또, 곤충은 자기를 노리는 무수히 많은 천적들을 피하기 위해 기발한 방법을 사용하기도 해요. 환경에 적응해 살아가는 곤충들의 흥미진진한 생활 속으로 함께 들어가 볼까요?

곤충은 무엇을 먹고살까요?

친구들은 어떤 음식을 좋아하나요? 고기가 좋아요? 과일이 좋아요? 채소가 좋아요? 사람은 잡식성 동물로 이것저것 모두 다 먹지요. 그렇다면 곤충들은 무엇을 먹고 살까요? 곤충들의 식탁을 들여다봐요.

이것도 저것도 맛있어! 잡식성 곤충

대부분의 곤충도 사람처럼 이것저것 가리지 않고 먹는 잡식성이에요. 그중에서도 대표적인 곤충이 바로 개미지요. 땅에 떨어진 음식에 개미가 바글바글 모여 있는 모습을 본 적이 있나요? 개미는 땅에 떨어진 과자는 물론 나뭇잎이나 죽은 곤충, 풀, 지렁이 등 먹이를 가리지 않는답니다.

먹이를 위해 농사를 짓는 개미도 있어요. 바로 가위개미지요. 가위개미는 나뭇잎을 잘라서 굴로 가져간 뒤 나뭇잎을 잘게 씹어서 뱉어요. 이렇게 씹어 뱉은 나뭇잎에다 버섯을 키워 식량으로 쓴답니다. 버섯 농장의 꼬마 일개미들은 사람 농부처럼 버섯을 정성스럽게 돌보지요.

채소가 좋아? 고기가 좋아?
채식성 곤충과 육식성 곤충

대부분의 곤충은 개미처럼 잡식성이에요. 하지만 정해진 먹이만 먹는 곤충도 있어요. 크게 채식성 곤충과 육식성 곤충으로 나눌 수 있는데, 채식성

뽕잎만 먹는 채식성 곤충 **누에**

난 육식만 한다고!

곤충에는 메뚜기처럼 식물만 먹는 곤충은 물론 식물 중에서도 뽕잎만 먹는 누에 같은 곤충도 있어요. 또 장수풍뎅이처럼 나무에서 나오는 수액을 먹는 곤충도 있답니다. 육식성 곤충은 사마귀나 잠자리, 소금쟁이, 물장군 같은 곤충으로 다른 곤충이나 작은 동물을 잡아먹고 살아요. 그런데 애벌레 때와 어른벌레 때 먹이가 전혀 다른 곤충도 있어요. 배추흰나비는 애벌레일 때는 배추나 양배추의 잎을 갉아 먹지만, 어른벌레가 되면 입이 대롱 모양으로 바뀌어 꽃의 꿀을 빨아 먹고 살지요.

곤충도 채식만 하거나 육식만 하는 곤충이 있군요.

그럼! 누에처럼 한 종류의 식물만 먹는 곤충도 있단다.

똥이나 피를 먹는다고?

똥을 먹고 사는 곤충도 있어요. 바로 쇠똥구리지요. 우리가 보기에는 더럽고 쓸모없는 똥 같지만 그 안에는 쇠똥구리에게 필요한 영양분이 많이 들어 있답니다.

동물의 피를 빨아 먹는 곤충도 있어요. 우리를 괴롭히는 모기, 빈대, 벼룩, 이 같은 곤충이지요. 피를 빨아 먹는 곤충은 흡혈성 곤충이라고 부른답니다.

우리 쇠똥구리는 똥을 둥그랗게 빚어 굴려서 땅속의 굴로 옮겨 굴에서 알도 낳아!

으~, 쇠똥구리는 똥이 정말 맛있을까?

곤충 상식

우리 몸에 사는 곤충, 머릿니

모기는 잠깐 사람에게 붙어서 피를 빨아먹고 사라지지만 아예 사람 몸에 살면서 사람의 피를 빨아먹고 사는 곤충도 있어요. 바로 '머릿니'랍니다.
머릿니는 사람의 머리카락에 붙어 살며 피를 빨아먹고, 알도 머리카락에 낳지요. 머릿니가 물면 몹시 가렵답니다.
재미있게도 인종에 따라 머릿니의 색깔도 다르다고 해요. 머리가 검은 인종의 이는 검은색, 머리가 노란 인종의 이는 노란색이랍니다.

머릿니

우리 쇠똥구리는 똥 냄새를 아주 잘 맡아.
특히 금방 나온 신선한 똥을 아주 좋아하는데,
멀리에서도 똥 냄새를 맡고 날아오지. 우리는 아주 많은 똥을
먹어야 해. 똥은 아무래도 영양분이 적기 때문인데,
쇠똥구리 중에서도 몸집이 큰 왕쇠똥구리는 똥을 한 번
굴려서 오면 아침부터 밤까지 열두 시간 이상 똥을 먹는단다.
재미있게도 똥을 먹고 자신도 똥을 누는데, 그 길이가 무려
2m를 넘는다고 해. 크크. 우리 쇠똥구리의 똥은
실타래처럼 가늘고 둘둘 말려 있단다.

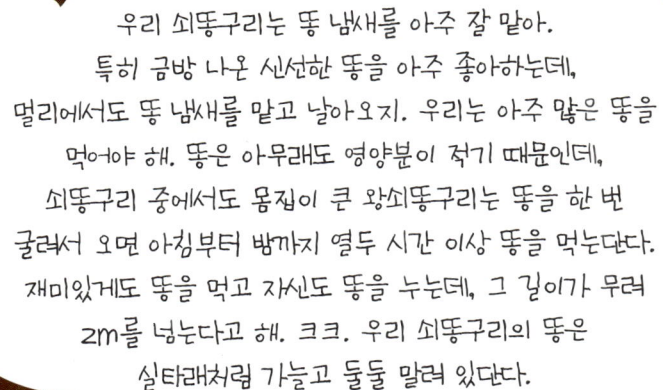

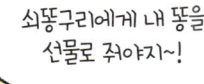
쇠똥구리에게 내 똥을
선물로 줘야지~!

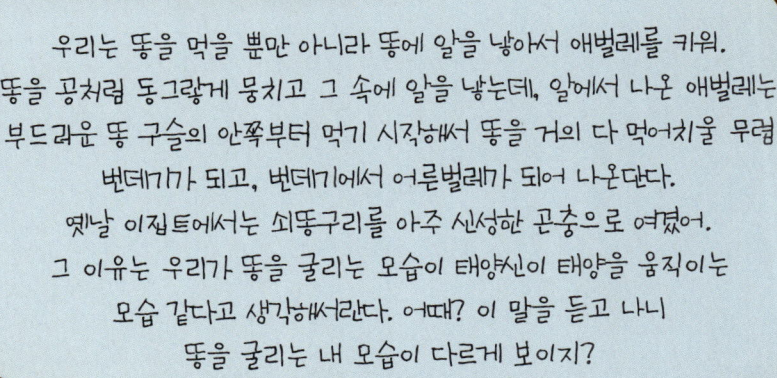

우리는 똥을 먹을 뿐만 아니라 똥에 알을 낳아서 애벌레를 키워.
똥을 공처럼 동그랗게 뭉치고 그 속에 알을 낳는데, 알에서 나온 애벌레는
부드러운 똥 구슬의 안쪽부터 먹기 시작해서 똥을 거의 다 먹어치울 무렵
번데기가 되고, 번데기에서 어른벌레가 되어 나온단다.
옛날 이집트에서는 쇠똥구리를 아주 신성한 곤충으로 여겼어.
그 이유는 우리가 똥을 굴리는 모습이 태양신이 태양을 움직이는
모습 같다고 생각해서라다. 어때? 이 말을 듣고 나니
똥을 굴리는 내 모습이 다르게 보이지?

2 곤충의 집으로 초대합니다!

흰개미 집

빌딩처럼 화려한 건물은 아니지만 곤충도 집을 잘 지어요. 곤충이 집을 짓는 가장 큰 이유는 새끼를 기르기 위해서예요. 호리병벌은 허리가 잘록한 호리병 모양의 벌인데, 짓는 집의 모양도 호리병 모양이랍니다. 호리병벌은 큰턱과 앞다리로 진흙을 한가득 떠다가 집을 지은 뒤, 나방 애벌레들을 사냥해요. 집에 마취시킨 나방 애벌레들을 가득 밀어 넣고 자신의 알을 낳은 후, 마지막으로 입구를 막아 새끼가 안전하게 자라도록 한답니다.

거품벌레의 애벌레는 스스로 자기를 지키는 집을 만들기도 해요. 어른벌레는 위험이 닥치면 재빨리 도망갈 수 있지만, 애벌레는 빨리 달아나지 못하기 때문에 식물에 붙어 즙을 빤 다음, 그것을 배설할 때 거품을 일으켜 그 속에 숨는답니다.

한편, 먹이를 사냥하기 위해 만드는 집도 있어요. 명주잠자리의 애벌레인 개미귀신은 모래를 파서 함정을 만드는데, 그 속에서 가만히 기다리고 있다가 개미가 발을 헛디뎌 빠지면 밑에서 꽉 물어서 잡아먹지요. 집을 짓는 곤충 중 가장 대단한 것은 흰개미예요. 어떤 흰개미 무리는 사람 키를 훌쩍 넘는 큰 집을 짓기도 한답니다.

곤충의 사회생활 ①
꿀벌 나라

곤충은 대부분 각각 따로 떨어져 살다가 짝짓기 시기에만 잠깐 만나지만, 사람처럼 평생 무리 지어 사회생활을 하는 곤충도 있어요. 바로 꿀벌과 개미가 대표적인 곤충이지요. 먼저 꿀벌 나라로 찾아가 볼까요?

꿀벌은 한 마리의 여왕벌을 중심으로 대가족을 이루고 살아요. 꿀벌은 보통 2만~3만 마리가 집단 생활을 하는데, 큰 집단은 5만~8만 마리 정도가 되지요. 그 구성원은 대부분이 암벌인 일벌이랍니다. 꿀벌의 사회에서 태어난 일벌은 처음에는 집 안에 머물면서 애벌레를 돌보며 집을 청소하거나 수리하는 등 간단한 작업을 도와요. 그러다가 차츰 경험이 쌓이면 밖으로 나가 꿀을 모으러 다니지요. 적이 침입했을 때도 일벌들이 힘을 합쳐 물리쳐요. 일벌이 어떻게 적을 물리치는지 알아볼까요? 일벌은 적이 나타나면 독침을 쏘는데, 한번 독침을 쏘고 나면 배가 터져 버려요. 자신을 희생하면서 최선을 다해 집을 지키는 것이지요.

꿀벌의 사회에는 수벌들도 있어요. 수벌들은 일벌과 같은 일을 하지는 않아요. 여왕벌과 혼인 비행을 떠나 짝짓기를 하는 것이 그들의 가장 중요한 일이랍니다. 수벌들은 짝짓기가 끝나면 사회에서 쫓겨나 결국에는 죽지요. 무척 냉정한 것 같지만 꿀벌 나라를 유지하기 위해서는 어쩔 수 없는 일이랍니다.

5장 별별, 곤충의 생활 127

곤충의 사회생활 ②
개미 나라

개미도 벌처럼 사회생활을 해요. 개미의 사회에는 일개미, 여왕개미, 공주개미, 수개미가 있지요. 일개미는 역할에 따라 일을 나누어 하는데, 알과 애벌레를 돌보고 먹이를 구해 와요. 그리고 머리가 크고 큰턱이 발달하여 적과 잘 싸우는 일개미는 병정개미가 되어 집에 침입하는 적을 물리치지요.

일개미가 약 500마리가 되면 새로운 나라를 만들어야 해요. 그러면 여왕개미가 공주개미와 수개미를 낳아요. 이웃에 있는 여왕개미도 공주개미와 수개미를 낳는데, 이들은 같은 날, 같은 시간에 공주개미와 수개미들을 내보낸답니다. 그렇게 한꺼번에 밖으로 나온 여러 나라의 공주개미와 수개미들은 혼인비행을 하고 짝짓기를 해요. 짝짓기를 마친 공주개미는 독립해서 새로운 나라의 여왕개미가 되지요. 새로운 나라의 여왕개미는 계속 알을 낳아 나라를 키워 나간답니다. 그래서 대부분의 일개미는 여왕개미의 딸이에요.

이처럼 꿀벌과 개미의 나라는 여왕이 지배하는 나라예요. 또 나라를 유지하는 곤충도 대부분 암컷인 암컷의 나라랍니다.

몸집이 큰 녀석이 여왕개미야. 일개미는 모두 여왕개미가 낳았단다.

우와! 여왕개미와 일개미가 엄마와 딸 사이라니! 정말 놀라워요.

곤충 상식

흰개미와 개미는 달라요!

개미와 흰개미, 이름이 비슷하기 때문에 우리는 두 가지를 같은 개미라고 생각하기가 쉬워요. 그러나 사실 흰개미는 개미가 아니에요. 오히려 흰개미는 바퀴와 가까워요. 흰개미는 썩은 나무속을 파먹고 살며 배 속에는 소화를 돕는 공생 미생물이 들어 있어요. 이런 습성이 원시적인 바퀴와 매우 비슷하답니다.

흰개미

5장 별별, 곤충의 생활

곤충의 사회생활 ③
곤충도 대화한다고요?

곤충도 대화를 해요. 그렇다고 곤충이 사람처럼 말을 하는 것은 아니에요. 대신 의미가 있는 몸짓이나 신호를 통해 자신의 생각을 알리는 대화를 한답니다.

특히 사회생활을 하는 개미와 벌은 대화가 무척 발달했어요. 개미는 길을 다닐 때 자기 냄새를 묻히고 다니는데, 상황에 따라 각각 다른 냄새를 풍겨요. 적이 나타났을 때와 먹을 것이 있을 때, 평상시의 냄새가 각각 달라서 주변에 있는 친구들에게 정보를 주지요. 이 정보에 따라 개미들은 다양한 반응을 한답니다. 또, 개미들은 냄새로 자기 집 식구인지 아닌지를 구별할 수 있어요. 같은 종류의 개미라고 해도 자기네 식구의 냄새가 아닌 다른 냄새가 난다면 공격하지요.

꿀벌은 엉덩이로 춤을 춰서 자기의 뜻을 상대방에게 알려요. 특히 먹이가 있는 곳을 아주 자세하게 알려 주는데, 먹이가 있는 곳이 가까울 경우에는 빙빙 빨리 원을 그리며 돌고, 먼 곳일 경우에는 크게 8자를 그리며 돌아 거리를 알려 주지요. 이 신호를 읽은 벌은 먹이가 있는 곳을 쉽게 찾아갈 수 있답니다.

곤충들의 대화를 엿들을 수 있다면 정말 재미있겠죠?

곤충의 반사 행동

우리는 길을 걷다가 돌부리에 걸려 넘어질 것 같으면 무의식적으로 넘어지지 않으려고 팔을 벌려 몸의 중심을 잡아요. 사람들은 이렇게 자신의 뜻과는 상관없이 본능적으로 위험에 대처하는 반사 행동을 하지요. 그런데 곤충도 외부의 자극에 자신도 모르게 반응하는 반사 행동을 한답니다. 나비나 잠자리는 어딘가 앉아 있는 상태에서 다리가 붙었던 곳에서 떨어지면 저절로 날개가 펴지는 반사 행동을 해요. 혹바구미는 툭 건들면 자기 몸을 지키기 위해 죽은 척하는 반사 행동을 한답니다.

한편, 동물이 어떤 자극에 대해서 찾아가거나 피하는 등 일정한 반응을 보이는 것을 '주성'이라고 해요. 좋아하는 반응을 양주성, 싫어하는 반응을 음주성이라고 하지요. 주성에는 빛에 반응하는 주광성, 습기에 반응하는 주습성, 접촉에 반응하는 주촉성, 중력에 반응하는 주지성 등이 있어요. 양주성 곤충으로는 나방이나 파리, 모기 등이 있어요. 그중에는 빛을 너무 좋아해서 타 죽는 경우도 있지요. 어두운 곳을 좋아하는 음주성인 바퀴는 불을 켜면 쏜살같이 도망쳐요. 방울벌레와 톡토기는 습기를 좋아하는 양주습성, 길앞잡이나 여치는 습기를 싫어하는 음주습성 곤충이에요. 집게벌레는 뭔가에 자기 몸이 닿아 접촉되어 있어야 안정감을 느끼는 양주촉성 곤충이랍니다. 또 무당벌레는 계속 위로 올라가는데, 이것은 중력의 반대 방향으로 움직이는 음주지성 행동이랍니다.

> 우리는 위로 위로 올라가는 게 좋아!

> 곤충은 빛, 습기, 접촉, 중력 등에 반응하지만 나는 송이에게만 반응해. 오~ 내 사랑! 송이.

곤충 상식

나방은 왜 불 속으로 뛰어들까요?

한여름 밤에 촛불을 켜 놓으면 나방이 촛불 주위로 몰려들어요. 그리고 나방은 불빛을 따라 원을 그리며 맴돌다가 결국 촛불에 타 죽지요. 왜 이런 일이 생길까요? 원래 밤에 활동하는 나방은 자연광인 달빛을 기준으로 삼아 80°의 일정한 각도를 유지하며 날아요. 그런데 사람이 만든 인공 불빛은 중앙에서 사방으로 퍼지는 방사형이기 때문에 이 빛을 기준으로 삼아 돌다 보면 저절로 불의 중심에 닿아 타게 되는 것이랍니다.

빛으로 날아드는 나방들

추운 겨울, 곤충들은 어디로 숨었을까요?

찬 바람이 쌩쌩 불고, 차가운 눈이 내리고, 먹을 것이 없는 겨울은 곤충들이 무척 살기 어려운 계절이에요. 그래서 겨울이 오기 전에 알을 낳고 죽는 곤충이 많아요. 알 상태로 겨울을 나고 봄이 되면 애벌레가 되어 나오지요. 번데기로 겨울을 나는 곤충도 있어요. 따뜻하고 먹이가 많은 계절에는 애벌레로 열심히 먹이를 먹다가 겨울이 오기 전에 번데기가 되어 겨울을 나는 거예요. 알과 번데기는 먹지 않아도 되고, 대개 두꺼운 껍질이나 추위를 막는 물질로 싸여 있기 때문에 곤충이 무사히 겨울을 날 수 있답니다.

알 속에서 봄을 기다려

많은 곤충이 알로 겨울을 나는데, 그중에서 특히 쉽게 볼 수 있는 곤충의 알이 있어요. 바로 사마귀 알이랍니다. 사마귀 알집은 공기가 많은 스펀지처럼 생겼지만 물은 스며들지 않아요. 그래서 겨울의 찬바람은 물론 눈과 비를 막을 수 있지요. 메뚜기는 알을 흙 속에 낳는데, 알이 거품에 둘러싸여 있어 추위를 막을 수 있어요. 게다가 흙 속은 땅 위보다 온도 변화가 적고 더 따뜻하기 때문에 추운 겨울을 나기에 적당하답니다.

봄이 되면 어른벌레로 뿅!

번데기로 겨울을 나서 봄이 오면 어른벌레가 되어 나타나는 곤충도 많아요. 대표적인 것이 팔랑팔랑 날아다니는 봄나비랍니다. 호랑나비의 번데기는 나뭇가지에 붙은 채로 찬바람과 눈을 맞으며 자라는 것도 멈춘 채 봄이 오기만을 기다려요. 배추흰나비도 마찬가지지요. 번데기는 대부분 주위의 색깔과 비슷한 보호색을 하고 있기 때문에 눈에 잘 띄지 않고 안전하게 겨울을 날 수 있어요.

산호랑나비의 번데기

어떤 나비가 나올까? 궁금하지? 산호랑나비의 번데기란다.

산호랑나비

5장 별별, 곤충의 생활　135

애벌레지만 괜찮아!

연약한 애벌레로 겨울을 나는 곤충도 있어요. 따뜻하고 아늑한 곳에 숨어서 말이죠. 장수풍뎅이의 애벌레인 굼벵이는 겨울에도 똥을 모아 놓은 퇴비 속에서 따뜻하게 지내요. 퇴비는 썩으면서 저절로 열이 나는데, 이 열이 애벌레를 따뜻하게 해 주지요. 매미의 애벌레 역시 땅 속 나무뿌리 근처에 숨어 있어요. 땅속은 땅 위보다 따뜻하기 때문에 추위 걱정이 없답니다.

애벌레지만 따뜻한 곳에서 겨울을 나기도 한단다.

퇴비 속이 따뜻하다니!

쿨쿨, 겨울잠을 자요!

어른벌레로 겨울잠을 자는 곤충도 있어요. 무당벌레는 겨울이 오기 전에 사람의 집이나 창고에 들어오는 일이 많아요. 겨울을 나기 좋은 장소를 찾는 것이죠. 적당한 장소를 찾으면 무당벌레는 떼로 모여서 겨울을 나요. 이처럼 무당벌레가 무리지어 겨울잠을 자는 이유는 무엇일까요?

모이는 무리가 많을수록 살아남기가 쉽고, 봄이 와서 짝짓기를 할 때 서로 짝을 찾기도 쉽기 때문이에요. 물속에 사는 물자라나 물방개 같은 곤충들도 겨울잠을 자는데, 물가의 진흙 속에서 겨울을 난답니다.

> 겨울잠은 자는 곤충도 있어. 겨울잠을 자려고 와글와글 모인 무당벌레들이 귀엽지?

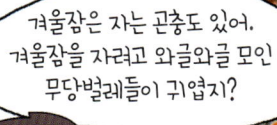

곤충은 왜 얼어 죽지 않을까요?

어른벌레로 겨울을 나는 곤충들은 추운 날씨를 어떻게 견딜까요? 먼저 겨울이 오기 전에 먹이를 많이 먹어서 몸속의 혈당을 높여 둬요. 혈당이란 피 속에 든 당분을 뜻하는데, 혈당이 높으면 몸이 잘 얼지 않지요. 짠 바닷물이 잘 얼지 않는 것과 마찬가지로, 순수한 물보다 무엇인가가 섞여 있는 물은 기온이 0℃ 이하로 떨어져도 잘 얼지 않는답니다. 그리고 무당벌레처럼 추위를 피해 바람이 들지 않는 따뜻한 썩은 나무 속이나 바위 밑으로 들어가는 거예요. 이렇게 하면 얼어 죽지 않고 봄을 맞이할 수 있답니다.

곤충은 매일매일 체온이 달라요

사람은 체온이 일정하지만, 곤충은 바깥의 온도에 따라 체온이 변하는 '변온 동물'이에요. 온도에 따라 체온이 변하면 살아가는 데 불편함이 많아요. 햇빛을 너무 많이 받아서 체온이 너무 올라가거나 햇빛을 너무 적게 받아서 체온이 너무 내려가지 않도록 항상 신경을 써야 하지요. 추워서 체온이 너무 낮아지면 제대로 움직이지 못하기도 한답니다.

잠자리는 재미있게도 꼬리로 체온을 조절해요. 그래서 잠자리 꼬리를 보고 날씨를 짐작할 수도 있지요. 잠자리가 꼬리를 아래로 내리고 있으면 추운 날씨, 올리고 있으면 더운 날씨예요. 잠자리가 추운 날씨에 꼬리를 내리는 이유는 햇볕이 몸에 닿는 면적을 넓혀 체온을 높이기 위해서예요. 반대로 날씨가 더우면 꼬리를 올려 햇볕이 몸에 닿는 면적을 줄인답니다.

시원한 옷을 입고 있는 곤충도 있어요. 바로 비단벌레지요. 비단벌레류의 곤충은 껍질이 반짝반짝 빛이 나서 햇빛을 반사해요. 빛을 반사하면 어떤 좋은 점이 있을까요? 맞아요. 뜨거운 햇빛을 반사해서 체온이 올라가는 것을 막아 주지요. 마치 햇빛을 흡수하는 검은 옷은 덥고 햇빛을 반사하는 흰옷은 시원한 것과 같은 원리랍니다.

5장 별별, 곤충의 생활　139

9 진딧물과 개미, 도우며 살아요

사람들만 서로 돕고 사이좋게 지내는 것이 아니랍니다. 곤충들도 전혀 다른 종류의 무리인데 서로 도우며 사는 것이 있어요. 이런 관계를 '공생'이라고 하지요.

개미와 진딧물은 대표적인 공생관계예요. 개미는 진딧물의 꽁무니를 쫓아다니며 배설물을 얻어먹어요. '어유, 더러워.'하고 고개를 젓는 친구도 있을지 모르겠네요. 하지만 진딧물의 배설물은 달짝지근해서 개미들이 무척 좋아해요. 진딧물의 배설물은 진딧물에게는 필요없는 것이지만 개미한테는 아주 맛있는 음식이지요. 개미는 진딧물에게서 배설물을 얻어먹는 대신에 진딧물을 보호해 줘요. 진딧물을 잡아먹는 무당벌레와 풀잠자리, 꽃등에 등의 곤충들이 진딧물한테 접근하면 개미들이 쫓아내지요. 심지어 사람이 진딧물이 있는 곳을 슬쩍 건드려도 개미들이 성을 내며 몰려드는 것을 볼 수 있을 정도예요. 개미가 얼마나 진딧물을 소중하게 생각하는지 알 수 있죠? 몸이 약해서 별다른 방어 수단이 없는 진딧물은 개미에게 배설물을 주는 대신 든든한 경호원을 얻은 셈이랍니다.

진딧물 외에 가끔 부전나비와 꽃등에의 애벌레도 개미와 공생을 해요. 이들도 진딧물처럼 단물을 주면 개미는 애벌레들을 자기 집 안에 숨겨 주고 안전하게 보살핀답니다. 서로가 서로를 돕는 모습, 곤충이든 사람이든 아름답네요.

5장 별별, 곤충의 생활 141

# 이용만해서 미안! 기생 곤충

서로 도움을 주고받는 관계가 아니라 한쪽이 일방적으로 다른 한쪽을 이용해 살아가는 곤충도 있어요. 이런 곤충을 '기생 곤충'이라고 해요. 기생 곤충 중에는 기생해서 사는 생물을 죽게 하는 등의 치명적인 영향을 주는 것도 있지요.

개미가 보호해 준다고 해서 진딧물이 천적으로부터 영원히 안전할 수는 없어요. 개미의 경비가 소홀한 틈을 타서 진디벌이라는 기생벌이 진딧물의 몸속에 산란관을 꽂고 알을 낳기도 하거든요. 진딧물은 서서히

몸이 굳으며 죽고, 그 안에서는 진디벌의 애벌레가 자라지요. 또, 봄이 되면 가끔 사마귀 알집에서 사마귀가 나오지 않고 수중다리좀벌이 나오는 일이 있어요. 사마귀의 알집 안에 수중다리좀벌이 알을 낳고, 사마귀 알보다 먼저 알에서 나온 수중다리좀벌 애벌레가 사마귀 알을 먹고 자란 것이랍니다.

   소에 달라붙어 피를 빠는 소등에는 아주 귀찮은 기생 곤충이에요. 소등에는 날카로운 주둥이로 소가죽을 뚫고 피를 핥아 먹지요. 하지만 소등에는 소를 죽이지는 않으니 진디벌이나 수중다리좀벌에 비하면 착하다고요? 아무튼 어느 한쪽만 일방적으로 이익을 취하고 다른 한쪽은 괴로움을 당한다면 결코 좋은 일은 아닌 것 같아요. 그런데 이건 우리의 생각일 뿐 정작 기생 곤충들은 어떻게 생각하는지 모르겠네요

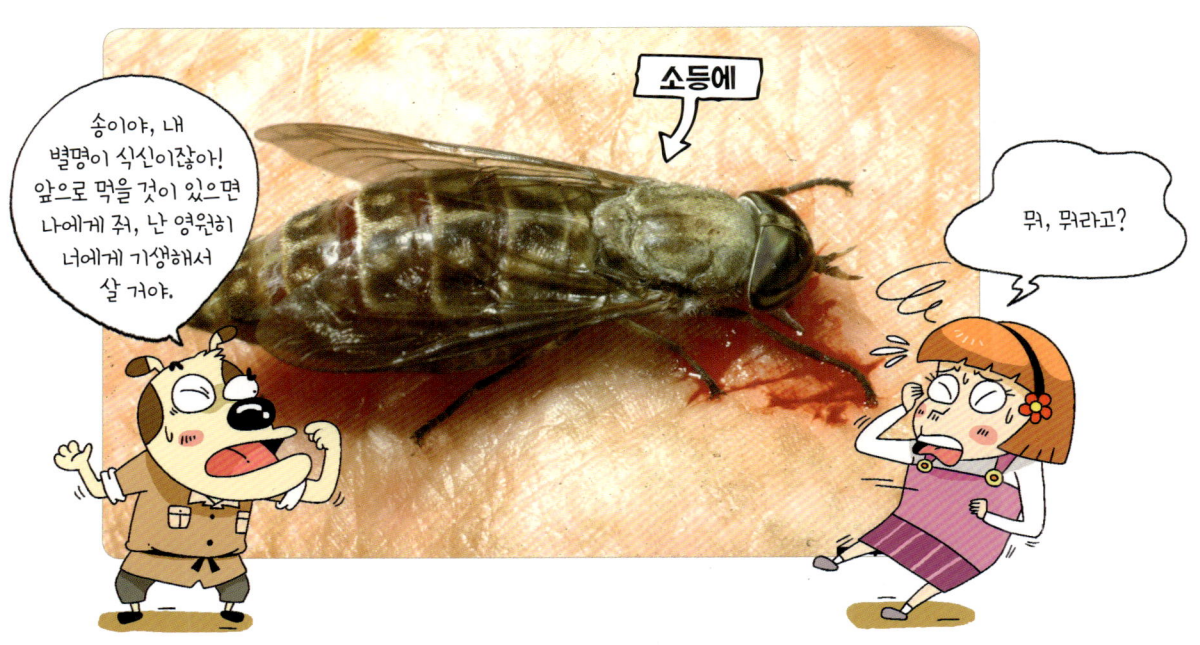

빠른 비행 금메달, 사막메뚜기

가장 빨리 날아다니는 곤충은 무엇일까요? 사실 곤충의 비행 속도를 측정하기는 쉽지 않아요. 나는 속도가 몸무게, 크기, 온도, 습도, 바람 등에 따라 많이 변하기 때문이지요.
현재 공인된 최고 빠른 비행 기록은 사막메뚜기가 갖고 있어요. 시속 33km를 기록했다고 하니, 자동차보다는 느리지만 걷는 속도가 시속 4km 정도인 사람보다는 월등히 빠른 속도지요. 비공식적으로는 잠자리의 비행 속도가 시속 100km를 넘은 적이 있다고 하는데 정말 대단하지요?

에헴! 우리는 시속 33km로 쌩쌩 날 수 있다고!

↑ 사막메뚜기

이야, 작은 녀석들이 대단하네!

비공식 기록이지만 우리도 시속 100km가 넘게 난 적이 있어.

↑ 잠자리

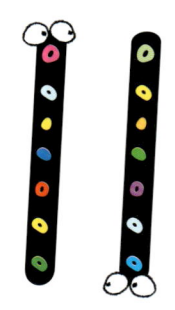

우린 영원히 친해질 수 없어요!

곤충들은 대부분 작고 힘이 약해요. 그래서 다른 동물에게 잡아먹히거나 자기보다 힘이 센 곤충에게 잡아 먹혀요. 이와 같이 곤충 사이는 먹고 먹히는 천적 관계로 얽혀 있어요. 천적이란 '하늘이 내린 적'이라는 말인 데, 피할 수 없는 운명으로 정해진 적이라는 뜻이겠지요.

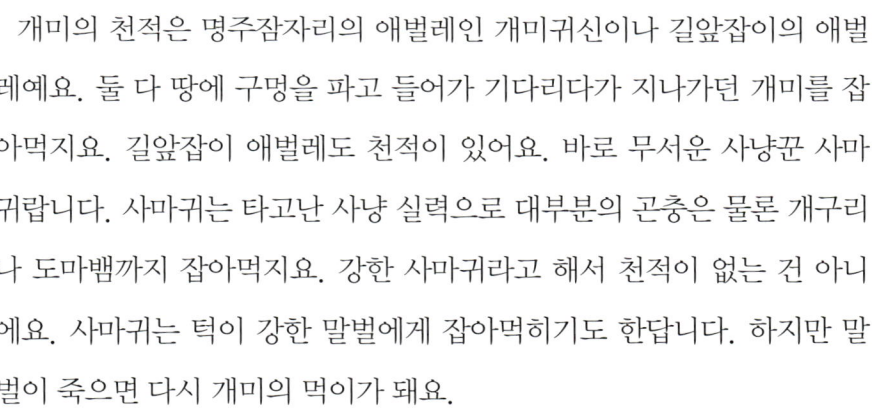
개미

개미의 천적은 명주잠자리의 애벌레인 개미귀신이나 길앞잡이의 애벌레예요. 둘 다 땅에 구멍을 파고 들어가 기다리다가 지나가던 개미를 잡아먹지요. 길앞잡이 애벌레도 천적이 있어요. 바로 무서운 사냥꾼 사마귀랍니다. 사마귀는 타고난 사냥 실력으로 대부분의 곤충은 물론 개구리나 도마뱀까지 잡아먹지요. 강한 사마귀라고 해서 천적이 없는 건 아니에요. 사마귀는 턱이 강한 말벌에게 잡아먹히기도 한답니다. 하지만 말벌이 죽으면 다시 개미의 먹이가 돼요.

개미의 천적 길앞잡이와 길앞잡이의 천적 사마귀, 사마귀의 천적 말벌, 그리고 말벌의 사체를 먹는 개미. 모든 곤충들은 이렇게 서로 먹고 먹히는 관계예요. 물론 곤충뿐만 아니라 자연의 모든 생물들은 서로 천적이 될 수도, 사냥감도 될 수 있는 먹고 먹히는 '먹이사슬' 속에 있답니다.

곤충을 잡아먹는 식물

메뚜기처럼 식물을 먹고 사는 곤충은 아주 많아요. 그런데 곤충을 먹고 사는 식물이 있다는 걸 알고 있나요? 파리지옥이나 벌레잡이통풀, 끈끈이주걱은 식충 식물로 곤충을 잡아먹는답니다. 곤충이 좋아하는 냄새나 꿀처럼 보이는 액체로 곤충을 유인해서 잡은 후 소화액으로 곤충을 소화해서 먹지요. 이렇게 곤충과 식물도 서로 먹고 먹히는 관계에 있답니다.

12 보호색으로 꼭꼭 숨어라!

몽이 못 봤어?
잘생긴 내 얼굴을
이렇게 만들다니!

곤충은 천적에게 잡아먹히지 않기 위해 다양한 방법을 써요. 그중에서도 곤충들이 가장 많이 쓰는 방법은 바로 보호색이랍니다. 보호색은 몸의 색깔이나 모양을 주변과 비슷하게 해서 눈에 잘 띄지 않게 하는 것을 말해요. 먼저 보호색으로 여기저기에 숨어 있는 곤충들과 술래잡기를 해 볼까요? 꼭꼭 숨어라! 더듬이 보인다!

어때요? 숨어 있는 곤충 친구들을 다 찾았나요? 쉽게 찾을 수 없다고요? 그렇다면 곤충들의 숨기는 성공한 셈이네요.

메뚜기는 풀밭에서는 녹색을, 낙엽이 있는 곳에서는 낙엽과 비슷한 갈색을 띠고 있어요. 방아깨비도 푸른 잎이 우거진 여름에는 녹색이었던 몸이 가을에는 낙엽과 같은 색이 되지요. 엄마가 김치를 담그려고 배추를 다듬다 보면 가끔 배추벌레가 나와요. 초록색 배추벌레가 배추 잎에 붙어 꼼짝하지 않으면 잘 찾아낼 수가 없지요. 회색가지나방은 보호색을 띠지는 않지만 자신의 몸 색깔과 비슷한 나무나 바위에 앉아 휴식을 취해요. 몸 색깔이 나무나 바위와 비슷해 찾아내기가 어렵거든요.

곤충 중에는 몸 색깔이 주변의 색깔과 비슷하게 되는 곤충만 있는 것이 아니에요. 모양까지도 주변 환경과 닮아 정말 찾기가 힘든 것도 있어요. 이와 같이 몸 색깔과 모양이 주변 환경과 비슷하게 변하는 것을 '의태'라고 해요. 가짜 모양 또는 닮은 모양이라는 뜻이에요.

낙엽처럼 생긴 으름밤나방은 낙엽이 떨어진 곳에 가만히 앉아 낙엽처럼 움직이지 않고 가만히 있어요. 가끔씩 낙엽이 바람에 흔들리는 것처럼 몸까지 떤답니다. 부러진 나뭇가지를 자세히 살펴 보세요. 부러진 나뭇가지 흉내를 낸 재주나방을 볼 수 있을 거예요. 대벌레나 자벌레도 숨기의 명수예요. 이들은 색깔뿐만 아니라 모양까지 완벽하게 나뭇가지처럼 생겼어요. 곤충 중에는 새똥 모양을 흉내 내는 것들도 있어요. 배자바구미, 새똥하늘소 같은 곤충은 새들이 가장 관심 없어 하는 새똥을 닮아 자신의 몸을 보호한답니다.

5장 별별, 곤충의 생활   151

13 짠! 무섭지? 곤충의 경계색

무당벌레

광대노린재

보호색이나 의태와는 반대로 오히려 자기를 눈에 잘 띄게 함으로써 위험을 피하는 곤충도 있어요. 이것을 '경계색'이라고 해요.

무당벌레는 색깔이 알록달록하고 선명해요. 왜 무당벌레는 이렇게 화려한 색을 띠는 걸까요? 무당벌레는 새들이 먹으면 구역질이 나는 물질을 몸속에 지니고 있어요. 그래서 새들에게 내 무늬를 보고 알아서 피하라는 경고를 하는 거지요. 무당벌레를 먹었다가 혼이 난 새가 있다면 무당벌레의 색깔만 봐도 다시는 먹지 않겠다고 생각할 거예요. 만약 무당벌레가 평범한 색깔을 가졌다면 새가 쉽게 기억할 수 없겠죠?

대개 몸에 독이 있는 곤충은 일부러 경계색을 띠고 있어 천적들에게 피해 다니라고 경고를 한답니다. 광대노린재도 화려한 색을 띠어 자신은 맛이 없으며 고약한 냄새를 풍긴다는 것을 알려 줘요.

가만히 앉아 있는 뱀눈박각시를 살짝 건드리면 깜짝 놀랄 일이 벌어져요. 갑자기 뒷날개에서 무서운 뱀눈 무늬가 드러나거든요. 곤충 중에는 이런 눈알 무늬를 가진 것들이 많아요. 눈알 무늬는 곤충을 잡아먹는 새들이 뱀이나 다른 동물의 눈으로 착각하고 도망치게 만든답니다. 물결나비, 뱀눈나비 등 나비와 나방의 날개중에는 날개에 이런 눈알 무늬가 있는 것이 많아요.

뱀눈박각시

벌이 아니라고요?

일부러 무서운 곤충인 척하는 녀석들도 있어요. 바로 꽃등에랍니다. 꽃등에는 침을 쏘는 꿀벌을 닮아서 다른 동물들이 무서워하지요. 하지만 꽃등에는 침을 쏘지 못해요. 무늬만 벌을 닮은, 파리의 친척이지요. 꽃등에와 꿀벌은 날개를 보면 구분할 수 있는데, 꿀벌은 날개가 4장, 꽃등에는 날개가 2장이랍니다.

꽃등에

5장 별별, 곤충의 생활

겨울에도 모기가 살아 있다고요?

원래 모기는 쌀쌀한 가을과 추운 겨울이 되면 모두 죽어요. 그런데 요즘에는 겨울에도 모기에게 물릴 때가 있어요. 겨울에도 살아남은 모기는 환경에 빠르게 적응한 것이지요.

원래 곤충은 험난한 환경에 잘 적응하며 살아가요. 예를 들어 농약을 뿌려서 벼멸구를 죽일 때 한두 마리가 살아서 후손을 남긴다면, 그 다음 대에 태어나는 벼멸구는 그 농약에 견딜 수 있는 매우 강한 성질의 벼멸구가 된답니다.

겨울에 나타난 모기도 환경에 적응했기 때문이에요. 보통 모기는 겨울이 오면 추위를 견디지 못해 죽었어요. 하지만 한겨울에도 자주 나타나는 지하집모기는 겨울에도 알을 낳고 번식을 해요. 암컷이 피를 빨지 않아도 알을 낳아 새끼를 퍼뜨릴 수 있기 때문이랍니다. 사람이 사는 집이 바뀌자, 거기에 알맞게 모기의 유전자도 변화를 일으킨 것이지요.

과학자들은 앞으로 지구 온난화가 계속 진행되고 생태계에 변화가 일어난다면 곤충이 어떤 식으로든 살아남기 위해서 여러 방향으로 변화할 것이라고 추측하고 있어요. 겨울에도 살아남는 모기 말고 또 어떤 곤충이 나타나 우리를 놀라게 할까요?

15 곤충이 사라진 세상

　환경이 파괴되면서 사라져 가는 곤충들이 참 많아요. 옛날에는 풀밭과 숲이 많았는데, 도시가 세워지고 차가 늘어나면서 수많은 곤충이 보금자리를 잃고 사라졌지요.

　반딧불이를 아시나요? 옛날에는 개똥벌레라고 불렀는데, 그 이유는 개똥만큼 흔했기 때문이에요. 그러나 반딧불이의 먹이인 다슬기와 달팽이가 사는 습한 환경이 사라지고 공기도 오염되어 쉽게 볼 수 없어졌어요.

　쇠똥구리도 마찬가지예요. 똥을 굴리던 친근한 곤충이 어디로 갔을까요? 소의 배설물을 먹는 쇠똥구리가 없어진 것은 축사에 소를 가두어 놓고 인공 사료를 먹이기 시작하면서부터예요. 쇠똥구리는 자연 상태의 건강한 풀을 먹고 싼 소똥을 가장 좋아하는데, 인공 사료를 먹고 싼 소똥 속에는 항생제가 섞여 있어 쇠똥구리 애벌레가 먹고 자랄 수 없어요.

　장수하늘소는 우리나라에서 가장 유명한 천연기념물이에요. 울창한 숲이 많이 사라져 장수하늘소도 없어져 보호해야만 하는 천연기념물이 됐지요. 현재 장수하늘소는 경기도 포천의 광릉에서만 매우 드물게 발견된답니다. 우리 인간의 욕심이 환경을 파괴하여 곤충들이 살아갈 터전을 파괴하고 있어요. 바글바글 작고 신기한 곤충들과 더불어 살기 위해 지금이라도 환경을 보존하기 위해 많은 노력을 기울여야 한다는 것, 잊어서는 안 되겠죠?

이 책에 나오는 곤충들

ㄱ

개미 44, 47, 72, 118, 140, 146
개미귀신 125
가위개미 119
거품벌레 63, 124
게아재비 76
공벌레 16
광대노린재 152
굼벵이 136
귀뚜라미 55, 95
글래스윙버터플라이 55
기장테두리진딧물 115
길앞잡이 73, 144, 146
깔따구 84
꼽등이 86
꽃등에 153
꿀벌 26, 42, 61, 126

ㄴ

나뭇잎나비 55
나방 95, 133

나비 51, 54
네발나비 61
누에 27, 119
누에나방 47

ㄷ

대벌레 99

ㅁ

말벌 146
매미 51, 95
매미나방 101
머릿니 121
먼지벌레 31, 73
메가네우라 18
메뚜기 83, 103, 150
모기 28, 49, 79, 89, 154
무당벌레 55, 127, 133, 137, 152
물땡땡이 79
물맴이 82
물방개 61, 78

물자라 55, 104
물장군 77, 102

ㅂ

바퀴 28, 91
박쥐나방 23
반딧불이 96, 97, 157
방아깨비 61, 150
배추벌레 150
배추흰나비 97, 120
뱀눈박각시 153
벼룩 62, 68
벼멸구 28, 154
병정개미 128
비단벌레 114, 138

ㅅ

사마귀 51, 61, 74, 101, 120, 146
사마귀알 134
사막메뚜기 145
사슴벌레 24, 51

산누에나방 44
산호랑나비 135
새똥하늘소 150
소금쟁이 23, 61, 80
소등에 143
송장벌레 75
송장헤엄치게 82
쇠똥구리 27, 121, 122, 156
수개미 128
수벌 126
쌀바구미 22

 ㅈ

잠자리 40, 61, 138, 145
장구애비 77
장님좀먼지벌레 86
장수풍뎅이 136
장수하늘소 156
재주나방 150
지하집모기 152
진디벌 142
진딧물 140
집게벌레 103

ㅍ

파리 28, 29, 30, 47, 49, 51, 54, 88
풍뎅이 47

ㅎ

하루살이 75, 115
호랑나비 47
호리병벌 124
회색가지나방 150
흰개미 124, 129

ㅇ

아카시아진딧물 115
아틀라스산누에나방 57
알렉산드라비단제비나비 56
에사키뿔노린재 102
여왕개미 128
여왕벌 123
으름밤나방 150
일개미 128
일벌 126
잎벌레 100

 ㅊ

총채벌 21
춤파리 96

ㅋ

코끼리장수풍뎅이 20

ㅌ

타이탄장수하늘소 20
톡토기 84

사진 출처

연합뉴스, 이미지코리아, MVCAC, shutterstock, Taiwan Biodiversity Information Facility, USDA, Wikimedia commons(Ghedoghedo, Didier Descouens, Schnobby, PD files, user snowyowls, George Poinar Jr.&John T. Huber, Ainali, Alvesgaspar, BrianAdler, JJ Harrison, Nicomeier333, Ton Rulkens, Alpsdake, Evanherk, Mark Pellegrini, Jeff Turner, Alpsdake, Richard Bartz, KEBman, Keisotyo, Thegreenj, Gary Alpert, Luis Fernández García, yellow_bird_woodstock, art farmer, Ethan A. winning, Tom oates, Gilles Gonthier, Greg Hume, Zapyon, Fastily, Gilles San Martin, H. Krisp, Scott Robinson, J Brew, Scott Bauer, Nevit Dilmen, Elheineken, Daniel Schwen, Ejatgc, Bemie, Noah Elhardt, Noumenon, Christian Bauer, Philipp Paurek, Hectonichus, Lior Golgher, Bjom appel, Dominik todulaki, Didier Deacouens, Quartl, Adrian Pingstone), Invasive.org(Joseph Berger, Whitney Cranshaw, Clemson University – USDA Cooperative Extension Slide Series, Gyorgy Csoka, Pest and Diseases Image Library, Susan Ellis, Charles Ray, Natasha Wright, Natasha Wright, David Cappaert, Alan Guile, Evgeny Akulov, Merle Shepard, Gerald R.Carner, and P.A.C Ooi, Chris Horne, Milan Zubrik, Sturgis Mckeever), Flickr(Aditi-the-stargazer, IRRI Images, orestART, Thomas Wanhoff, Yersinia pestis, sdbeazley, Kevin Collins, Dave Kennard, Dean Morley, janofonsagrada, DavidHT, Deepak Gupta, Eric Begin, chupacabra runner, Patrik B, Angie&Chris Pye, Carolina Biological Supply Company, Gilles Gonthier, cotinis, paurullan, Oscar Mendez, Carlos Marzano, Peri Apex, Tony, Sid Mosdell, Ferran Turmo Gort, Eric kilby, HYLA2009, John Tann, Zach, Lon&Queta, Gilles San Martin, SD Dirk, Jerry Oldenettel, Lesley Scott, Rosie Perera, Spencer Foto, Marcos Vidal, Per Olesen, iwona kellie, Jane Kirkland, Lars Lundqvist, Lisa Lawley, Peter Ostergard, urasimaru, Andreas Kay, rockerboo, Hsu Hong Lin, yokohamayomama, sankax, Andi Gentsch, Peter Davis), Fotopedia(Wen Chuan Tan, Petr Jan Juracka, Bernd Lutz, Harald Hoyer, Gavatron, Peter Nijenhuis, Nicky Davis, Eddie Malaisa, Rusek, Infinite Unknown, wyss.harvard.edu, OpenCage.info, Iowa State University Department of Entomology, Dean et al. 1990(Science)

- 이 책에 실린 사진은 저작권자의 허락을 받아 게재한 것입니다.
- 저작권자를 찾지 못해 게재 허락을 받지 못한 일부 사진은 저작권자가 확인되는 대로 게재 허락을 받고 통상 기준에 따라 사용료를 지불하겠습니다.

찾아보기

ㄱ

겨울잠 136
겹눈 40
경계색 152
공생 140
구애행동 94
근육계 66
기관 64
기문 64
기생 곤충 142
꼬리털 64
끈끈이주걱 147

ㄴ

날개 52
날개돋이 79, 111
날개맥 52
낱눈 40
노래기 17

ㄷ

다리 58
단위생식 99

더듬이 44, 46

ㅂ

반사 행동 132
번데기 111
벌레 14
변온 동물 138
보호색 148
불완전탈바꿈 106
빠는 입 48

ㅅ

산란관 64
생식계 66
소화계 66
식충 식물 147
씹는 입 48

ㅇ

양주성 132
연가시 113
완전탈바꿈 106
외골격 24

욕반 30

우화 111

음주성 132

의태 150

ㅈ

주성 132

쥐며느리 16

지네 17

짝짓기 98

찌르고 빠는 입 48

ㅋ

키틴질 38

ㅌ

탈바꿈 106

탈피 108

ㅍ

파리로봇 34

페로몬 95

피 68

ㅎ

한살이 106

핥는 입 48

허물벗기 108

혈림프 68

홑눈 40